まるわかり 世界の王室

*** あまり知られてない王室の世界 ***

清水書院

まるわかり 世界の王室

*** あまり知られてない王室の世界 ***

もくじ

皇室・王室のある国々 ……………………… 4

日本国　今上天皇（きんじょう） ……… 8

デンマーク王国　マルグレーテ2世 ……… 22

グレートブリテン及び北アイルランド連合王国
　エリザベス2世 ……… 32

スペイン王国　フェリペ6世 ……… 44

スウェーデン王国　カール16世グスタフ ……… 50

リヒテンシュタイン公国
　ハンス・アダム2世 ……… 56

オマーン国
　カブース・ビン・サイード・アル・サイード ……… 62

タイ王国　ラーマ10世 ……… 68

オランダ王国　ウィレム・アレクサンダー ……… 74

ベルギー王国　フィリップ ……… 80

ルクセンブルク大公国　アンリ大公 ……… 86

トンガ王国　トゥポウ6世 ……… 92

モナコ公国　アルベール2世 ……… 96

ノルウェー　ハーラル5世 ……… 102

ブータン王国
　ジグミ・ケサル・ナムゲル・ワンチュク ……… 108

サウジアラビア王国
　サルマーン・ビン・アブドゥルアズィーズ ……… 112

ヨルダン・ハシミテ王国
　アブドゥッラー2世・ビン・アル・フセイン ……… 118
　消えた王室1 ……… 123

カンボジア王国　ノロドム・シハモニ ……… 124
　消えた王室2 ……… 129

モロッコ王国　ムハンマド6世 ……… 130

マレーシア　アブドゥラ ……… 136

クウェート国　サバーハ4世 ……… 140

サモア王国
　トゥイマレアリッィファノ・ヴァアレトア・
　スアラ　ウヴィ2世 ……… 146
　消えた王室3 ……… 149

レソト王国　レツィエ3世 ……… 150

エスワティニ王国　ムスワティ3世 ……… 154

カタール国
　タミーム・ビン・ハマド・アール・サーニー ……… 158

ブルネイ・ダルサラーム国
　ハサナル・ボルキア ……… 164
　消えた王室4 ……… 169

バーレーン
　ハマド・ビン・イーサ・アール・ハリーファ ……… 170

＊『まるわかり世界の王室』の順番は、国ごとの情報として示した【建国年】の情報に合わせて記載しました。
＊この記載については、外務省の国別情報によって確認できた「独立した年」あるいは「王国として独立した年」を採用しました。そのため、歴史上の王朝として存在していても、「建国年」上は、異なる年代を表記している国もあります。

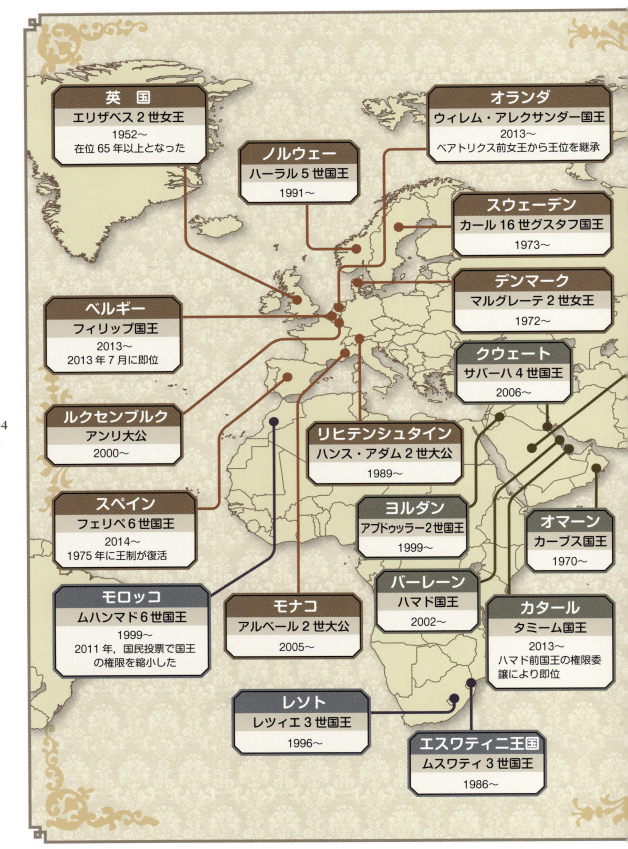

皇室・王室のある国々

(注)・ブルネイの即位年は国の独立年
・レソトの国王は退位した時期もある
(2019年6月末現在)

国名
君主
即位年

サウジアラビア
サルマーン国王
2015〜
国王は内閣のトップの首相でもある

タイ
ラーマ10世国王
2016〜
前プミポン国王は70年間在位した

日本
今上天皇
2019〜
2019年5月、上皇陛下の生前退位により即位

カンボジア
シハモニ国王
2004〜
93年に王制が復活

サモア
トゥイマレアリッイファノ国王
2017〜
任期5年の制度

ブータン
ワンチュク国王
2006〜
2011年に王妃と来日

マレーシア
アブドゥル国王
2019〜
任期5年で9つの州の首長がもちまわり

ブルネイ
ボルキア国王
1984〜

トンガ
ツゥポウ6世国王
2012〜

皇室・王室のある国々

005

世界の王室へようこそ
あまり知られていない世界の王室
27か国をめぐりましょう

日本国
Japan

首　都：東京
建　国：紀元前660年
公用語：日本語
面　積：377,973.89㎢
人　口：1億2650万2000人
　　　　（総務省統計局　平成30年9月1日確定値）
ＧＤＰ：4兆8732億ドル
（MER）

日本国：北から北海道・本州・四国・九州・沖縄と連なる主要5島と、周辺の離島6847島などからなる島国。気候は春夏秋冬と四季の変化に富んでいる。本州の中央部には標高3776mの富士山をはじめ、2500m越えの南アルプスや北アルプスなどがそびえる。陸地の国土面積では世界第60位だが、周囲を海に囲まれており、他国に干渉されずに天然資源の掘削や漁業が行える排他的経済水域は広い。その面積はおよそ447万㎢もあり、陸地の面積の約12倍。世界でも第6位の広さである。基幹産業は工業で、金属加工・造船・機械工学・電気工学などの製造業は世界最高水準の技術を持つ。着物や歌舞伎、武道など数多くの伝統文化がある一方、近年では海外の若い世代を中心にマンガやアニメ、ゲームなどのポップカルチャーにも注目が集まっている。

桜咲く新倉山浅間公園から富士山と忠霊塔

現在の天皇

現国王名：今上天皇（きんじょう）
　　　　　　（全名　徳仁　なるひと）
生年月日：1960年2月23日
　　　代：第126代天皇
　　在位：2019年5月1日～

八咫烏に導かれる神武天皇（安達吟光　1891 年　木版画）『古事記』や『日本書紀』によれば、高千穂から理想の地を目指して東に進んだ神武天皇は、八咫烏に導かれ、熊野・吉野を分けのぼり、奈良の橿原の地にたどりついたという。

皇室の成り立ち／変遷

＊神武天皇の即位

　初代神武天皇は『古事記』に登場し、天照大神の子孫と言われる。即位日は紀元前 660 年 1 月 1 日（旧暦）。明治時代にこの即位月日を新暦に換算したところ 2 月 11 日となり、神武天皇が即位した日を日本の始まり、つまり建国の日とし現在の「建国記念日」となっている。

　飛鳥時代の第 32 代崇峻天皇は、当時大臣の座についていた蘇我馬子により暗殺された。長い皇室の歴史の中で臣下により暗殺された唯一の天皇といわれる。その後即位した第 33 代推古天皇は、日本で初めての女性天皇とされている。

＊貴族・武士による政治

　奈良・平安時代は貴族が、鎌倉・室町時代は武士が中心となって政治が行われた。室町時代末期になり日本全体が戦乱の世となると朝廷の権威は失墜し、天皇の地位は以前よりも低く見られる時代となる。江戸時代は天皇や朝廷を牽制した政治が行われ、外出に際しても徳川幕府の許可が必要になるなど制限を受けた。

＊立憲国家としての日本

　明治時代に入ると、大日本帝国憲法により天皇が立法、行政、司法を統括する権限を保持した。昭和に入り第二次世界大戦の敗戦をうけて日本国憲法が施行されると、天皇の地位は「日本国の象徴であり日本国民統合の象徴」となった。

紋章の意味

　奈良時代に中国大陸より伝えられた菊はその高潔な美しさが好まれ、鎌倉時代にことのほか菊を好んだ後鳥羽上皇が自らの印として菊文様を愛用。その後、後深草天皇・亀山天皇・後宇多天皇が印を継承し、慣例のうちに菊文様の中でも十六八重表菊が皇室の紋として定着した。

皇室ご一家　現上皇・上皇后両陛下（前列中央）と、現天皇陛下（前列左から2人目）、現皇后陛下（前列左端）ご夫妻とその長女愛子さま（後列左から2人目）、秋篠宮さま（前列右から2人目）、紀子さま（前列右端）ご夫妻とその長女眞子さま（後列左端）、次女佳子さま（後列右端）、長男悠仁さま（後列右から2人目）。

（2018年12月3日撮影、2019年1月1日宮内庁提供）

皇室の役割

日本は三権分立に基づく立憲主義国家であり、議会制民主主義・象徴天皇制を維持している。こうしたなか、皇室の役割として活動されるものは、国事行為である内閣総理大臣および最高裁判所長官の任命、国務大臣の任免、憲法改正や法律の公布、国会の召集、衆議院の解散、外国からの使節の接受、栄典の授与などがある。国政に関する権能は一切持たない。また、国民と国家の安寧・繁栄、五穀豊穣（ごこくほうじょう）などを祈る祭祀などもある。

栄典の授与・大綬章勲章親授式　旭日大綬章を受ける元人事院総裁の原氏（2019年5月23日 皇居、宮殿「松の間」）

住まいと関連施設

＊皇居

徳川幕府の居城、つまり江戸城が明治元年に皇居となった。東京都千代田区にあり、面積は115万㎡で東京ドーム約25個分。現在、皇居内には上皇上皇后両陛下のお住まいである吹上仙洞御所を始め、天皇陛下の執務のほか新年祝賀の

皇居の全景

儀や親任式などの諸行事を行う宮殿、三の丸尚蔵館や桃華楽堂を有する東御苑、宮内庁関係者の庁舎などがある。

＊宮中三殿

皇居内吹上御苑の東南に、「賢所」、「皇霊殿」、「神殿」からなる宮中三殿がある。中央の賢所には、皇室の祖神とされる天照大神が祀られている。向かって左側の皇霊殿には、神武天皇をはじめ歴代の天皇や皇族の御霊が祀られている。

向かって右側の神殿には、天の神と地の神、つまり天つ神と国つ神からなる天神地祇や、天皇を守護する神産日神など、国中の神々が祀られている。また、宮中三殿に附属して、神嘉殿、神楽舎、綾綺殿、奏楽舎などの建物もある。

＊赤坂御所（東宮御所）

今上天皇皇后両陛下、愛子内親王殿下のお住まいは、東京都港区の赤坂御用地の中にあり、皇太子時代は東宮御所と呼ばれていたが、御即位に伴い、赤坂御所となる。赤坂御用地の面積は51万㎡。敷地内には他にも、秋篠宮邸、三笠宮邸、高円宮邸がある。毎年、春と秋の2回行われる園遊会は赤坂御用地の一角で催される。

＊御用邸・御料牧場

天皇皇后両陛下、上皇上皇后陛下、皇族方のご静養の場として使用される建物が御用邸である。栃木県の那須御用邸、神奈川県の葉山御用邸、静岡県の須崎御用邸がある。

栃木県高根沢町と芳賀町にまたがる御料牧場。皇室用の乗馬や輓馬（馬車などを曳く馬）の生産をはじめ、乳牛や羊、豚、鶏などの各種家畜・家禽の飼養管理を行

皇居の見取り図

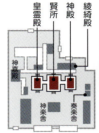

宮中三殿（中央が賢所）

赤坂御所の外観

皇室の御所や御用邸

う。皇族の食事や晩餐会・園遊会などの宮内庁行事で利用される牛乳、肉、卵などの生産を行っている。

＊京都御所

明治2年まで、歴代天皇が居住し儀式や公務を執り行った場所。隣接する京都大宮御所は、天皇皇后両陛下の京都行幸啓（こうけい）の際のご宿泊所となっている。

京都御所・紫宸殿（ししんでん）即位礼など皇室関連の儀式が行われた場所

皇室の食事

＊日々の食事と宮内庁大膳課

天皇陛下はどのようなものを食べているのか。真っ先に思い浮かぶのが宮中晩餐会の豪華なフランス料理だが、毎日の食事は一般家庭とあまり変わらない献立だ。調理を担当するのは宮内庁大膳課の料理番で、和食、洋食、和菓子、製パンなど担当が分かれている。朝食は洋食で、トースト、オートミールまたはコーンフレーク、サラダと温野菜、紅茶・コーヒー・ジュース。そして御料牧場で作られているカルグルトという乳酸飲料などだ。昼食と夕食は和食、洋食と日によって様々だが、カレーライスやラーメンなど庶民的な献立も出されている。

＊皇室の献立とその料理番

通常の朝食は決まって洋食だが、お正月は別。出世魚で縁起魚である鰤（ぶり）を焼いた小串鰤や、白味噌とゴボウを包んだ菱葩餅（ひしはなびらもち）、割伊勢海老、福目煮勝栗、潮仕立ての蛤の汁物などからなる「お祝い先付」の和食となる。

昼食はフランス料理だが、ワンプレートランチとなる。天皇陛下をはじめ皇族方の元日は、正装をしての新年祝賀の儀など儀式が続き、昼食に割く時間はあまりない。そのため、サッと食べることのできるワンプレートランチにすることを、大正から昭和にかけて天皇の料理番を務めた秋山徳蔵氏が決めたという。直径25cmの皿にローストビーフや鯛の

昭和天皇の朝食 オートミールなども召し上がった

昭和天皇の夕食 洋食を中心とされている

秋山徳蔵
宮内庁主厨長

酒煮、フライドポテト、温野菜、そしてご飯などが少しずつ盛られる。コンソメスープとサラダは別に提供される。

皇室の経済状況

憲法では「すべての皇室財産は、国に属する。すべての皇室の費用は、予算に計上して、国会の議決を経なければならない」と定められている。そのため、基本的に独立した「皇室財産」は存在せず、毎年の国家予算に組み込まれることとなる。具体的な皇室関連予算は大きく次のように分けられる。

●宮内庁予算の内訳（2019年度）

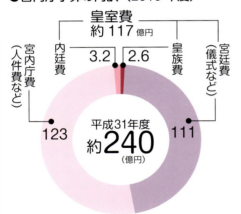

＊内廷費

内廷皇族（上皇上皇后両陛下、天皇皇后両陛下と現在空位の皇太子ご一家）の日常の費用や、内廷職員の給与他内廷諸費に充てる費用。法律により定額が定められており、平成8年度から3億2400万円で、変わっていない。内廷費は天皇の「お手元金」とされるが、その管理は宮内庁長官ら8名からなる内廷会計審議会が管理にあたっている。

＊皇族費

各宮家の日常の費用。宮家の当主が親王の場合は定額3050万円。その妃は2分の1の1525万円。宮家の当主が内親王の場合は親王の2分の1の1525万円。独立の生計を営まない成人の親王及び内親王は10分の3、未成年は10分の1などと定められ、各宮家の家族構成によって金額が異なる。平成31年度の皇族費の総額は2億6400万円。

＊宮廷費

宮中晩餐会など国賓や公賓の接遇、儀式、地方・外国ご訪問など皇室のご公務や皇居の施設整備などに用いられる経費。平成31年度では111億4900万円で、皇室費用の大部分を占めている。

上皇陛下の名が付いたハゼがいる!?

上皇陛下は魚類学者としても有名であり、公務がないときは御所で研究や学術論文の作成に精力的に取り組まれている。日本魚類学会に属し、発表した論文は28編にのぼる。とくにハゼの分類学的研究に対する長年の貢献により、新種のハゼに上皇陛下の全名が献名された。スズキ目ハゼ科アキヒト属というハゼが存在する。

一日のスケジュール

　天皇陛下はプライベートな外出が禁止されているわけではないが、連日のように公務があり、休日はあってないようなもの。しばしば美術展や音楽会の鑑賞に出かける様子が報道されるものの、主催者側から要請されるもので、いずれも公務といえる。御用邸での静養期間も、政府の閣議決定書に目を通す公務がある。

　平成21年には、宮内庁が75歳になられた天皇陛下（現上皇陛下）の負担軽減策を発表した。しかし、当時の宮内庁ホームページの「天皇皇后両陛下のご日程」を見ても、常に多忙であったことが分かる。平成10年と平成30年のご公務の内容を比べてみよう。

平成10年4月23日（木）	
天皇陛下	ご引見（中華人民共和国国家副主席）（宮殿）
天皇皇后両陛下	ご引見（離任フィリピン大使夫妻）（宮殿）
天皇皇后両陛下	ご会釈（勤労奉仕団）（蓮池参集所）
天皇皇后両陛下	拝謁（母子愛育会表彰者）（宮殿）
天皇陛下	ご執務（宮殿）
天皇陛下	信任状捧呈式（ベラルーシ，シンガポール）（宮殿）

平成30年4月18日（水）のご公務	
天皇皇后両陛下	ご説明（第12回みどりの式典及びレセプションご臨席に当たり，みどりの学術賞受賞者の業績について）（御所）
天皇陛下	ご引見（オーストラリア下院議長）（御所）
天皇皇后両陛下	ご臨席（2018年（第34回）日本国際賞授賞式）（国立劇場（千代田区））
天皇皇后両陛下	ご臨席（2018年（第34回）日本国際賞祝宴）（パレスホテル東京（千代田区））
天皇皇后両陛下	ご臨席（祝宴後席（受賞者及び家族，過去の受賞者並びに若手研究者とご懇談））（パレスホテル東京（千代田区））

※ご引見＝天皇陛下が皇后陛下と外国の首相や大使などの賓客とお会いになり、お話し合いをされること
※ご会釈＝天皇皇后両陛下が皇居内の清掃奉仕のため全国から集まる人々とお会いになること
※信任状＝新任の外国特命全権大使が、派遣元の元首から託された信任状を天皇陛下に捧呈する儀式。
※いずれも宮内庁ホームページより

宮中祭祀

　天皇陛下の重要な公務には、内閣総理大臣の任命や国会の召集といった「国事行為」と、国事行為に該当しない、国民体育大会など国民的行事への臨席や宮中晩餐会、国内巡幸、外国への公式訪問などの「公的行為」、そして「宮中祭祀」がある。

　宮中祭祀は皇居内の宮中三殿で行われ、戦前までは皇室に関係する天皇の命令である「皇室令」に含まれる「皇室祭祀令」で規定されていた。しかし戦後は皇室令が廃止されたことで、宮中祭祀に法的な裏付けはなくなり、天皇家の私的な祭祀と位置付けられている。

新嘗祭　1年の中で最も重要な儀式といわれる（宮内庁／毎日新聞社）

*年間の主要な宮中祭祀

- 1月1日　四方拝＝午前5時半に天皇が神嘉殿の前庭から伊勢神宮および四方の神々を遙拝（遠くからの拝礼）される年の最初の行事
- 歳旦祭＝四方拝のあとに三殿で行われる祭典。皇室で宮中祭祀を担当する部門の長である掌典長が祝詞を読み、天皇と皇太子のみが礼拝する
- 1月3日　元始祭＝皇位の由来を祝い、宮中三殿で国家国民の繁栄を祈る祭典。天皇皇后両陛下、皇太子同妃両殿下、各宮家の青年皇族で行われる
- 1月4日　奏事始＝宮殿の鳳凰の間で、掌典長が伊勢神宮および宮中の祭事について天皇に報告する行事
- 1月7日　昭和天皇祭＝昭和天皇の崩御された日に皇霊殿で行われる祭典。夜には神霊をなごめる御神楽が行われる
- 1月30日　孝明天皇例祭＝孝明天皇が崩御された日に皇霊殿で行われる祭典
- 2月17日　祈年祭＝宮中三殿で年穀豊穣を祈願する祭典
- 2月23日　天長祭＝天皇陛下のお誕生日を祝して三殿で行われる祭典
- 春分の日　春季皇霊祭＝皇霊殿で行われるご先祖祭。三権の長や大臣も参列する
- 春季神殿祭＝神殿で行われる神恩感謝の祭典
- 4月3日　神武天皇祭＝神武天皇の崩御された日に皇霊殿で行われる祭典。夜には御神楽が行われる（皇霊殿御神楽）
- 6月16日　香淳皇后例祭＝香淳皇后の崩御された日に皇霊殿で行われる祭典
- 6月30日　節折＝宮殿竹の間で天皇のために行われるお祓いの行事
- 大祓＝神嘉殿の前庭で皇族をはじめ国民のために行われる祓いの行事
- 7月30日　明治天皇例祭＝明治天皇が崩御された日に皇霊殿で行われる祭典
- 秋分の日　秋季皇霊祭＝皇霊殿で行われるご先祖祭。三権の長や大臣も参列する
- 秋季神殿祭＝神殿で行われる神恩感謝の祭典
- 10月17日　神嘗祭＝賢所にこの年に収穫された稲を供え、神恩に感謝する祭典。この日の朝には神嘉殿から伊勢神宮を遙拝する
- 11月23日　新嘗祭＝神嘉殿にこの年に収穫された稲を供え、その神恩に感謝した後、天皇自ら召し上がる祭典。午後6時からの「夕の儀」と午後11時からの「暁の儀」が、それぞれ同様の所作で2時間にわたって行われる。祭祀の中でも最も重要なものとされており、天皇自ら栽培された稲も供えられる
- 12月中旬　賢所御神楽＝賢所前庭の神楽舎で夕刻から御神楽を奏して神霊をなごめる祭典
- 12月25日　大正天皇例祭＝大正天皇が崩御された日に皇霊殿で行われる祭典
- 12月31日　節折、大祓＝6月30日と同様

皇族の正装

＊天皇の正装

【洋装】 新年祝賀の儀や勲章親授式などの際には、燕尾服に大勲位菊花章頸飾という首飾り型の勲章をつける最高位の正装で臨まれる。

【和装】 宮中祭祀では、黄櫨染御袍などの古式装束がみられる。平安時代以降の日本の天皇が重要な儀式で着用してきた束帯装束で、御下襲、御衵、御表袴、御大口、御単、御襪、御檜扇、御幘冠、御袍などからなり、非常に複雑な構造をしている。

新嘗祭では古式装束のうち、白の絹糸で織られた純白の「御祭服」が用いられる。

即位後朝見の儀に臨まれる新天皇 大勲位菊花章頸飾の勲章をつけた正装（2019年5月1日）

徳仁皇太子殿下御成婚に際して皇太子殿下（当時）の古式装束（1993年6月9日）

＊女性皇族の正装

【洋装】 新年祝賀の儀をはじめ伊勢神宮御参拝などの公務の際に着用される女性皇族の正装がローブ・モンタント。肩も背中も露出していない、高い立襟のロングドレスである。ネックラインが大きくカットされ、首元を露わにしたドレスはローブ・デコルテと呼ばれ、長手袋を併せて着用することが多い。結婚などに際し天皇皇后両陛下にご挨拶をする朝見の儀などでも着用される。

退位礼正殿の儀 雅子妃のローブ・モンタント姿（2019年4月30日）

即位後朝見の儀 新皇后のローブ・デコルテ姿（2019年5月1日）

【和装】 即位の礼やご成婚の義では古式装束の十二単が用いられる。

長袴に唐衣、表着、打衣、五衣、単衣、長袴、裳などから構成され、全体の重さは20kgに及ぶ。五衣は袿を5枚重ねて着るため五衣と呼ばれ、重ねる衣の色の取り合わせには美意識が表れる。古くは10数枚重ねたこともあったが、平安時代末期から鎌倉時代にかけて5枚が定着した。表着は唐衣の下に着る袿であり、下に着た五衣の襲を見せるため少し小さめに作られている。文様には唐草や菱文などがある。

髪型は自然の垂れ髪を両脇に広げながら後方で束ね、髢（＝入れ髪）を加えてボリュームを出し、後ろに長く垂らした大垂髪が基本。

徳仁皇太子殿下御成婚に際して、皇太子妃殿下（当時）の古式装束（1993年6月9日）

皇室の儀式（天皇の葬儀）

＊国の儀式としての葬儀

天皇陛下の葬儀は国の儀式として行われる。江戸時代までの天皇は仏式での葬儀で見送られたが、明治以降は神道を中心とする国づくりが行われたため、明治天皇以降は葬儀の形も変化した。大正時代には皇室の葬儀法をまとめた「皇室喪儀」が公布されたものの、戦後に廃止されている。

昭和天皇の葬儀では、皇族方の弔問にあたる「拝訣」、一般の葬儀の納棺にあたる「御舟入りの儀」、そして「殯宮」と呼ばれる正殿に移される「殯宮移御の儀」などが行われた。

＊大喪の礼

日本では古代より、人が亡くなっても

大喪の礼（1989年2月24日）皇居外苑をすすむ列

大喪の礼（1989年2月24日） 輿で葬儀殿に向かう（新宿御苑での葬儀）

すぐに埋葬は行わず、棺のまま安置して祈りを捧げる習わしがあった。現代でも民間の通夜はその名残があるが、皇室の場合その期間が非常に長く、昭和天皇の「殯宮移御の儀」が執り行われたのは、崩御から12日目の平成元年1月19日、そして殯宮で昭和天皇を偲ぶ「殯宮祗候（ひんきゅうしこう）」が2月22日まで続いた。弔問客による参拝にあたる「大喪の礼」が行われたのは、2月24日である。

大喪の礼は「轜車発引の儀（じしゃはついんのぎ）」により始まり、霊柩は皇居を出発。新宿御苑の葬場総門到着後、轜車から「葱華輦（そうかれん）」と呼ばれる輿（こし）に遷され、皇宮護衛官により葬場殿に安置された。

新天皇が一般の弔辞にあたる御誄（おんるい）を読み上げる「葬場殿の儀」などが営まれたのち、東京都八王子市にある武蔵陵墓地にて「陵所の儀」が営まれ、昭和天皇の霊柩は陵に納められた。

大喪の礼には、世界163か国の国王や大統領、各国の代表およそ700人が参列した。

皇室の儀式・即位の礼

＊新たな天皇の即位

日本では、先の天皇の崩御、もしくは在位する天皇により皇太子へ位を譲られることにより、新たな天皇の即位が行われる。この儀式が即位の礼である。

即位直後に行われるのが「剣璽等承継の儀（けんじとうしょうけいのぎ）」で、皇位継承の証として剣と璽を受け継ぐ儀式。剣璽とは、天照大神が天皇の祖先とされる瓊瓊杵尊（ににぎのみこと）に授けたとされる八咫鏡（やたのかがみ）・八尺瓊勾玉（やさかにのまがたま）・草薙剣（くさなぎのつるぎ）という

陵所の儀　黄襅・白襅を先頭に葬場殿に向かう徒歩列（武蔵野陵で）

第124代昭和天皇　武蔵野陵

即位礼正殿の儀　高御座からおことばを述べられる天皇陛下（当時）

即位礼正殿の儀（1990年11月12日）

三種の宝物のうち、八尺瓊勾玉と草薙剣を指す。

＊即位の礼から祝賀御列の儀

もっとも重要な儀式が「即位礼正殿の儀」で、皇居宮殿の松の間で行われる。現上皇陛下の即位式（1990年11月12日）では、天皇の玉座である高御座と、皇后の御帳台がしつらえられ、男性皇族及び三権の長は高御座側に、女性皇族は御帳台側に並ぶ。天皇が「おことば」を読み上げ、総理大臣が「寿詞」を述べ、万歳を三唱。参列者もこれに唱和し、同時刻に皇居北の丸で自衛隊による21発の礼砲がなされた。

その後、「祝賀御列の儀」が行われ、当時の天皇皇后両陛下が皇居から赤坂御所までオープンカーで祝賀パレードを行った。他にも、国家と国民のために五穀豊穣を祈念する「大嘗宮の儀」や、天皇が参列者と白酒・黒酒、酒肴を召し上がる「大饗の儀」なども行われた。

祝賀御列の儀　オープンカーでパレードに出発する現上皇上皇后両陛下

皇室の子供に関する儀式

＊内御着帯式

女性皇族が、妊娠9か月目の戌の日に安産を祈念して行う。皇太子徳仁親王妃雅子殿下の場合は、天皇から腹帯が贈られ、帯親と呼ばれる宮務官が女性皇族に届ける「御帯進献の儀」が行われる。続いて、掌典が帯を預かり、宮中三殿に捧げ、掌典長が祝詞を唱える。

＊賜剣の儀

新しく生を受けた皇族は、誕生した当日ないしは翌日に天皇から守り刀を授かり、枕元に置かれる。古来より続く儀式だが、現代は銃刀法に則って手続きが行われている。

＊命名の儀

誕生の7日目までに行われる。当該皇族の父と宮内庁書陵部及び漢学者が相談して決定し、大高檀紙に天皇が墨書する。紙は菊花御紋のついた桐箱に収められ、枕元に置かれる。この名前は皇族の戸籍である「皇統譜」に記載される。

＊着袴の儀

5歳を迎えた皇族が、天皇から贈られた袴をつける儀式。古来の日本では袴を身に付けることが成長した証だったことに由来する。

続いて男子の場合は「深曽木の儀」が行われる。東宮太夫によって髪の先を切られた後、松と山橘の小枝を持って碁盤の上に乗り、「えいっ」と掛け声をあげて飛び降りる。碁盤は吉方を占う道具や宇宙を示すとも言われており、そこに立ち、飛び降りることで心身の健やかな成長を祈るという。

系図

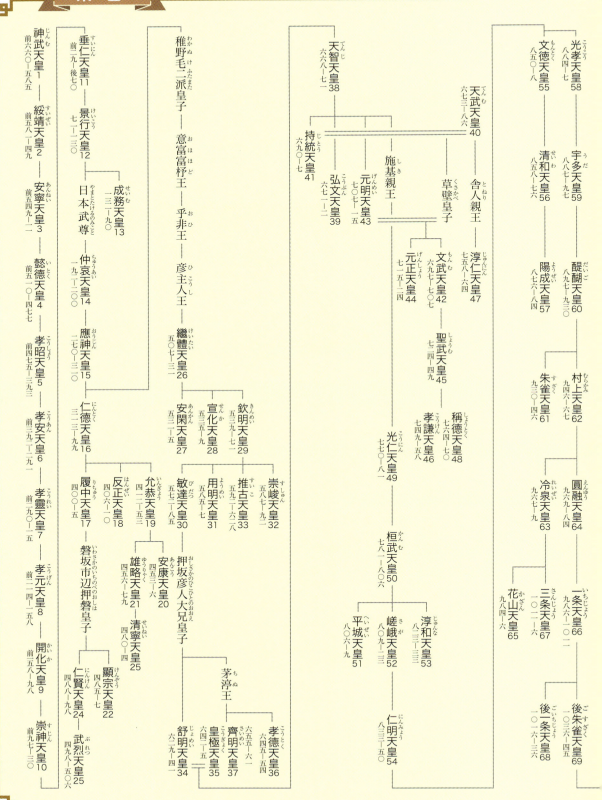

傍の数字は代数、下の数字は在位年。記載は原則として皇統譜に基づく。

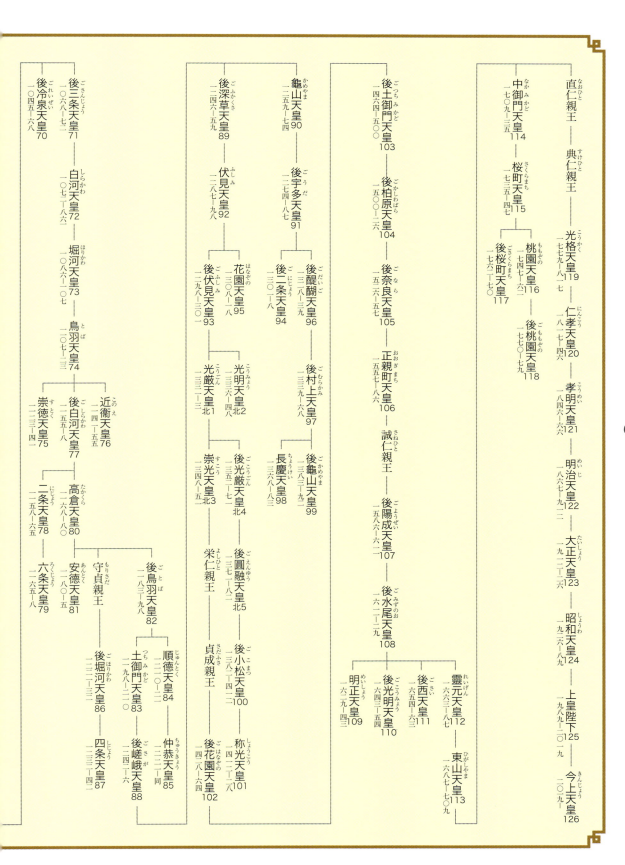

デンマーク王国
Kingdom of Denmark

首　都：コペンハーゲン
建　国：936年頃
公用語：デンマーク語
面　積：43,098km²
　　　　（グリーンランドとフェロー諸島を除く）
人　口：578万人
　　　　（2018年デンマーク統計局）
ＧＤＰ：2,950億ドル
（MER）（2015年IMF統計）

デンマーク国：北ヨーロッパに位置するデンマーク本土と、北大西洋のフェロー諸島及び北アメリカのグリーンランドの2つの自治地域から構成される、立憲君主制の国。国土の大半が北極圏より北に位置し、自治地域を除き407の島々から成り立っている。

知育玩具のレゴや、陶磁器のロイヤルコペンハーゲンが世界的に知られている。アンデルセン童話でお馴染みのハンス・クリスチャン・アンデルセンの母国でもある。

シェラン島　リトル・マーメイド（人魚姫）の像がある

現在の女王

現国王名：マルグレーテ2世
　　　　（全名：マルグレーテ・アレクサンドリーネ・トーヒルドゥア・イングリッド）
生年月日：1940年4月16日
　　代：第53代女王（グリュックスブルク朝5代女王）
在　位：1972年1月14日～

王室の成り立ち／変遷

✳伝説のゴーム王

　ヨーロッパではもっとも古く、世界でも日本の天皇家に次いで長い歴史を持つデンマーク王室。伝説上の王は6世紀頃から伝えられているが、実在が証明されている最初の王は936年頃から958年頃まで在位したと言われるゴーム王である。

　ヨーロッパ大陸北部にあるユトランド半島のイェリングを拠点に、デンマーク西部一帯を支配したとされる、イェリング朝の開祖だ。ゴーム王の息子であるハーラル1世はデンマーク全域を統一し、さらにはノルウェーと交渉の末、平和的に統合したという功績も伝えられている。11世紀に、一代限りでノルウェーのマグヌス一世が王位に就いたことがあるものの、現代に至るまでほぼ継続して、ゴーム王の子孫が王位を継承している。

ゴーム王「息子クヌーズの死を悟るゴーム老王」 オーギュスト・カール・ウィルヘルム・トムセン作

ハーラルの石碑と石碑に刻まれたルーン文字（イェリング）
ルーン文字はゲルマン人の言葉のための文字である。

紋章の意味

　デンマーク国旗の赤と白の十字（スカンディナビア・クロス）の中央に、4分割された盾が配置されている。この盾を支えるのは2人の未開人。力強さと権力を象徴し、王家が将来にわたり繁栄するようにとの意味が込められている。盾の中央にあるのは、前王朝であるオルデンブルク朝の紋章を表す、金地に赤い横棒二本の小さな盾。十字で分割された盾の中には、国章同様のライオンとハート、南ユトランドの2頭のライオン、14世紀に成立したデンマーク・ノルウェー・スウェーデンによるカルマル同盟を表す3つの王冠、グリーンランドの白熊やフェロー諸島の雄羊などがあしらわれている。

＊王位継承と法改正

　デンマークでは、長い間女系継承は否定されてはこなかったものの、女王を認めていなかった。また近年では、1863年に即位したグリュックスブルク朝の開祖である、クリスチャン9世の男系男子の直系子孫に対して、積極的に王位継承権を認めてきた歴史がある。しかし、1953年に行われた王位継承法の改定により、男子・男系が優先ではあるものの、女子・女系継承を認める長子相続に変更された。つまり、国王に男子がない場合、直系から分かれた傍系である国王の弟などの男子ではなく、国王の娘に王位の継承が認められた。

　これにより、前王のフレゼリク9世時代、王位継承順位第1位は国王の弟であるクヌーズ王子から、国王の長女であるマルグレーテ王女に変更となった。こうして1972年、父王の死去に伴い、現国王であるマルグレーテ2世が、デンマークで初の女王となった。

　さらに2009年の国民投票により王位継承法改正では、賛成多数で、男女の区別を廃して、長子相続制とすることに変更されている。

　デンマークは国際的に見ても男女の収入格差が非常に小さく、男女平等が進んでいる国。デンマーク王室も社会情勢を汲み取り、変化を受け入れている。

マルグレーテ2世　デンマークの歴史上初めての女王となったマルグレーテ2世

デンマーク王に由来する「Bluetooth（ブルートゥース）」

ハーラル1世（右）

　イェリング朝のハーラル1世は"青歯王"という異名を持っていた。その業績にちなみ、エリクソン社のスウェーデン技術者がデジタル機器用の近距離無線通信技術に「Bluetooth」と名付けた。ロゴマークも、ハーラル1世の名前を表す、古代の北欧で使われていたルーン文字を組み合わせたものである。

　ちなみに"青歯王"という異名の由来は定かではない。古デンマーク語で「浅黒い英雄」を意味するという説や、ハーラル1世に虫歯が多く、歯が青黒く見えていたからという説もある。

女王の家族　後列左からイザベラ王女、メアリー妃、フレデリック皇太子、マルグレーテ2世、クリスチャン王子。前列の双子がヴィンセント王子とヨセフィーネ王女。

王室の役割

デンマーク立憲君主制の国であり、国王（女王）は国家元首であるが、独立して政治活動を行うことはできない。国会のすべての行為に署名を行うが、政治に関与せず、いかなる政治的意見も表明しない。一方で、首相と外務大臣は定期的に女王に謁見し、最新の政治動向を報告している。女王の主な活動は、外国の国家元首及び大使による公式訪問に対応することや、公務員の任命、式典への出席、海外への公式訪問などである。

女王の生い立ち

＊才能に溢れた女王陛下

コペンハーゲンで学問を修めたマルグレーテ女王は、そののち、ケンブリッジ大学、パリ大学、ロンドン・スクール・オブ・エコノミクスなどで考古学や政治学を学んだ。英語、フランス語、ドイツ語、スウェーデン語に堪能な才女である。

さらに絵の才能にも秀でており、イギリスの傑作ファンタジー小説「指輪物語（ロード・オブ・ザ・リング）」のデンマーク語訳の作業に携わったばかりか、挿絵も担当したほど。スキーの腕前はプロ級で、柔道の心得もあるというスーパーウーマンで、国民の絶大な人気を博している。

女王の家族

＊ヘンリック王配

マルグレーテ2世は、1967年にフランスの外交官で伯爵家出身のアンリ・マリ・ジャン・アンドレ・ド・ラボルドゥ・ド・モンペザ氏と結婚し、モンペザ氏はヘンリック王配と称された。フレデリック皇太子とヨアキム王子を授かった。

ヘンリック王配
2018年に亡くなった

＊フレデリック皇太子

　フレデリック皇太子はハーバード大学で政治学を専攻。ニューヨークの国連本部や、パリのデンマーク大使館で勤務した経験を持つ。2000年のシドニーオリンピックの際、パーティでオーストラリア出身のメアリー・ドナルドソン嬢と出会い結婚。メアリー皇太子妃は、オーストラリア出身で初のヨーロッパ王室入りをした女性となった。

　皇太子夫妻はクリスチャン王子、イサベラ王女、そして双子であるヴィンセント王子とヨセフィーネ王女の4人の子どもをもうけた。クリスチャン王子が、父であるフレデリック皇太子に次いで王位継承順位第2位、イザベラ王女が第3位である。

フレデリック皇太子　王位継承順位は第一位

イサベラ王女　　クリスチャン王子　　ニコライ王子

クリスチャンボー城

王室の財政

デンマーク議会は2016年、傍系王族に対して18歳の成人以降は公費を支給しないという閣議決定を下している。

この制度を初めて受け入れているのが、女王の次男であるヨアキム王子の息子で王位継承順位第7位のニコライ王子。今年20歳（2019年）になる王子はそのルックスを活かし、高校卒業後はファッションモデルとして生計を立てているという。

ヨーロッパ王室をつないだクリスチャン9世

クリスチャンスボー城の中央広場には、クリスチャン9世の像が建っている。前々王であるクリスチャン8世の妹の娘であるルイーゼ王妃と結婚し、3男3女をもうけたが、この子どもたちがヨーロッパ各国の王位継承に重要な役割を担った。

例えば、長男のフレゼリクはデンマーク国王フレゼリク8世となり、次男のヴィルヘルムはデンマーク海軍の士官として活躍したのち、ギリシャ国王ゲオルギオス1世となった。さらに、長女のアレクサンドラはイギリスのエドワード7世と結婚。次女のマリーはロシア皇帝アレクサンドル3世に、三女のテューラはドイツ北部にあったハノーファー王国のエルンスト・アウグスト2世に嫁いだ。

これにより、イギリス、ロシア、ノルウェー、ギリシャ、デンマークなどの国王がすべてクリスチャン9世の孫だった時期もあり、「ヨーロッパの義父」と呼ばれ、ヨーロッパの歴史に大きな影響を及ぼした。

クリスチャン9世（年代不明）

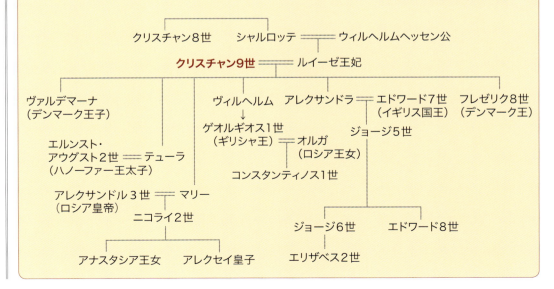

王族の住まい

＊アマリエンボー宮殿

コペンハーゲンにあるマルグレーテ2世の冬の住居。1760年建造。八角形の中庭を囲むように建てられたロココ調の4つの宮殿で構成されている。女王の在宮時には屋根に国旗が上がり、正午に衛兵の交代式を見ることができる。北側の宮殿は博物館として一般公開されており、19世紀以降に王室で使用されていた品々を見ることができる。

＊クリスチャンスボー城

デンマーク王室と政府の迎賓館として使用され、謁見の間やチャペルがある。また、国会議事堂、内閣府、最高裁判所という三権に関する施設が置かれている。1794年までは王室の住居として使われていたが、火災により焼失。王室はアマリエンボー宮殿に移った。1900年代に入って再建工事が行われ、バロック様式、新古典主義様式、ネオ・バロック様式の建築様式が共存する現在の佇まいとなっている。

アマリエンボー宮殿

＊フレデリクスボー城

デンマークの東部、シェラン島北部に位置する都市ヒレレズにある。クリスチャン4世の居城として建築された。現在は国立歴史博物館となっている、ルネサンス様式の宮殿で17世紀から19世紀の王たちが戴冠式を行った。

＊ローゼンボー城

クリスチャン4世が夏の離宮として愛したオランダ・ルネッサンス様式の建物。17世紀初めに建てられた。地下には王室コレクションを展示する宝物殿があり、クリスチャン4世の王冠も展示されている。

フレデリクスボー城

ローゼンボー城（コペンハーゲン）

アレクサンドラ・オブ・デンマーク

イギリスのエドワード7世と結婚したクリスチャン9世の長女アレクサンドラ。絶世の美女と謳われ、3男3女の母となるが、夫の素行に悩まされる人生だったという。

しかし、国民に貢献し、イギリス陸海空軍軍人家族協会や、イギリス陸軍看護施設を設立するなどの功績を残した。

また、子どもや孫たちに深い愛情を注いだ。次男がイギリスのウィンザー朝初代王ジョージ5世となり、孫がエドワード8世、ジョージ6世となり、王位を継承した。

現在のイギリス国王であるエリザベス女王は、ジョージ6世の娘。つまり、デンマーク出身のアレクサンドラは、エリザベス女王の曾祖母である。

アレクサンドラ・オブ・デンマーク

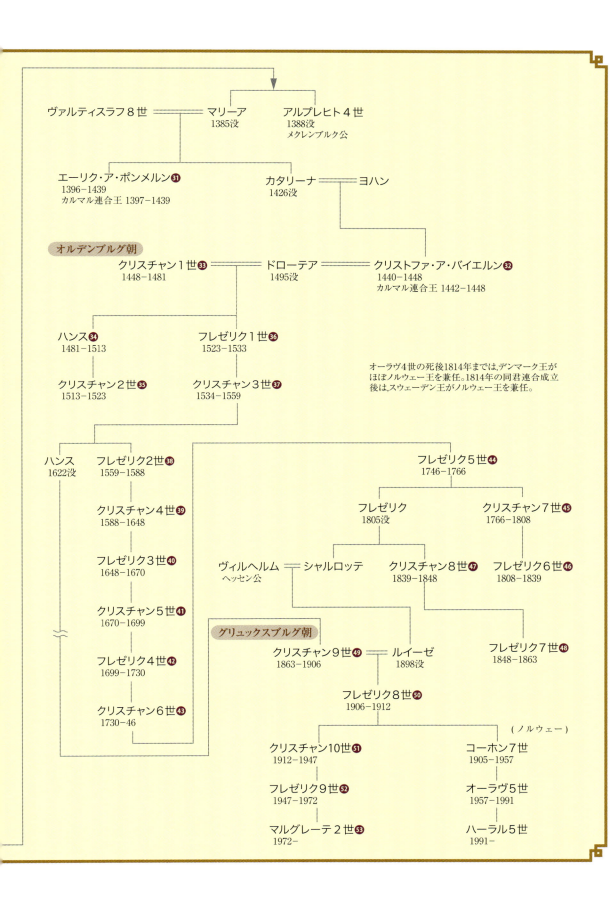

グレートブリテン及び北アイルランド連合王国

United Kingdom of Great Britain and Northern Ireland

首　　都：ロンドン（イングランド）
建　　国：1066年
公用語：英語
面　　積：243,000㎢
人　　口：6,565万人（2016年）
ＧＤＰ（MER）：2兆6284億ドル（2017年IMF統計）

国情報：「イングランド」「スコットランド」「ウェールズ」からなるヨーロッパ北西部のグレートブリテン島と、「北アイルランド」という4つの自治権を持つ国が連合して主権国家体制を築いている。

ロンドン　二階建てバス

「イギリス」という呼び名は、イングランドのポルトガル語表記「Inglez」が語源。それぞれの国は首都を持ち、イングランドはロンドン、スコットランドはエディンバラ、ウェールズはカーディフ、北アイルランドはベルファストである。近代スポーツであるサッカー、ラグビー、ゴルフ、テニスなどの発祥地としても有名。

エリザベス2世

現国王名：エリザベス2世
　　　　　（全名：エリザベス・アレクサンドラ・メアリー）
生年月日：1926年4月21日
　　　代：第42代女王（ウィンザー朝4代女王）
在　　位：1952年2月6日〜

王室の成り立ち／変遷

✴ 七王国とエグバード王

　5世紀中ごろから、アングロ・サクソン人がグレートブリテン島に7つの王国を建設。ノーサンブリア、イースト・アングリア、マーシア、ウェセックス、サセックス、エセックス、ケント各王国が覇権を競い合っていたこの時代を七王国時代という。829年、イングランドはウェセックス朝のエグバー王により初めて政治的に統一されるが、この頃からバイキングとして恐れられていたデーン人（デンマークを拠点としたノルマン人）の活動も盛んになる。そこで諸勢力を結集して戦い、平和的な関係を結んだのがエグバード王の孫のアルフレッド大王である。

✴ デーン朝からノルマン朝へ

　10世紀に入ると再びデーン人の活動が活発になる。そしてデンマークの王子だったクヌート1世がノルマンディー（ノルマン人がフランス北西部に建てた公国）公女で未亡人のエマと結婚し、デーン朝を設立させて新たなイングランド王となった。やがて、クヌート1世の先妻の子、クヌートとエマの子、そしてエマと先夫の子が順に王に即位する。

アングロサクソン七王国

エグバード王　イングランドを統一した

紋章の意味

　左のライオンはイングランドを、右のユニコーンはスコットランドを象徴している。中央で支えられた盾は四分割され、左上と右下の対角線上には中世イングランド王国の王朝であったプランタジネット朝の紋章である黄金のライオンが描かれる。また右上の赤いライオンはスコットランドの紋章、左下の金の竪琴はアイルランドの紋章である。盾の周囲の青いラインに描かれているのはフランス語で、「HONI SOIT QUI MAL Y PENSE＝悪しき思いを抱く者に災いあれ」という意味。なお、ウェールズに関しては13世紀末にイングランドの統治下に入りイングランドの一地方と見なされてきた歴史から、紋章には含まれていない。

エリザベス1世（在位 1553-1603）

ビクトリア女王（在位 1837-1901）

しかし、ノルマンディー公国を建てたバイキングの指導者であったロロの6代目にあたるギヨームが、自分こそが正統な王位継承者であると名乗りを上げ、イングランドを征服。1066年にウィリアム1世としてノルマン朝を開き、イングランド王となった。

ウィリアム1世はイングランドにノルマンディー公国の様々な制度を取り入れ、法律や土地を整備して王国の基盤を築いた。一方で、フランス王の家臣であるノルマンディー公がイングランド王でもあるという関係は、英仏両国間で長きにわたり紛争の火種ともなった。

＊イギリスにおける王朝の変遷と女王たち

1154年、ノルマン朝が断絶するとノルマン家出身の母を持つフランスのアンジュー伯がヘンリー2世として即位しプランタジネット朝を開く。同王朝のリチャード2世が叔父であるジョン・オブ・ゴーントのランカスター公領を没収すると、これに対しジョンの息子のヘンリーが反乱を起こし、リチャード2世を廃位。1399年に自らヘンリー4世として即位し、ランカスター朝を創始する。

その後テューダー朝が開かれ、イギリス絶対王政の時代を迎えた。エリザベス1世の時代にはイングランド国教会を確立させ、国力を高めた。エリザベス1世は生涯独身であったため、スコットランドのジェームス6世が、ジェームス1世としてスチュアート朝を開いた。その断絶後はハノーヴァー朝が開かれ、現在のウィンザー朝が成立したのは1917年。このようにイギリスでは王朝が変遷していった。

ハノーヴァー朝のヴィクトリア女王の時代には、産業革命によりイギリスが世界の工場といわれる時代を迎え、［君臨すれども統治せず］という、今のイギリス王室のあり方を確立した。

＊ウィンザー朝の成立

　前王朝であるハノーヴァー朝は、ドイツ北部のハノーヴァー家からジョージ1世を迎え入れて、1714年に成立した王朝であり、1901年に即位したエドワード7世は、王家の名称を父親の生家の名をとってザクセン・ゴーブルグ・ゴータ朝とした。しかし、1910年に即位した息子のジョージ5世は海軍軍人として生活を送った期間があり、第一次世界大戦中には自ら戦線に出て将兵を激励するなど戦時下の苦楽を国民とともにする姿勢を貫いた人物だった。そのため1917年には、敵国だったドイツに由来する王朝名を廃し、居城のあったウィンザーにちなんでウィンザー朝と改称した。現在のエリザベス2世はウィンザー朝の第4代女王である。

ジョージ5世（在位1910-1936）

エリザベス2世（在位1952-）

エリザベス女王は16か国の国王

　イギリスはかつて植民地だった15か国を「イギリス連邦王国」として組織しており、エリザベス女王は自国を含む加盟国すべての国王でもある。その15か国とは、アンティグア・バーブーダ、オーストラリア、バハマ、バルバドス、ベリーズ、カナダ、グレナダ、ジャマイカ、ニュージーランド、パプアニューギニア、セントクリストファー・ネイビス、セントルシア、セントビンセント及びグレナディーン諸島、ソロモン諸島、ツバルである。

　ただし、加盟国は"君臨すれども統治せず"の理念の下にあり、すべての国で独自の首相や政府、裁判所が存在する。ただし、女王はイギリスにいるため、15か国には女王不在時の代理として「総督」が置かれている。かつてはイギリス人の貴族が就いていたが、近年では各々の国の出身者が就任している。

バハマ紙幣のエリザベス女王

王室の役割

＊さまざまな女王の公務

　国王であるエリザベス女王の公務は幅広く、日々大量の政府文書に目を通し必要に応じて署名することや、慈善事業、外遊、各国の国家元首の訪問受け入れを行う他、首相の任免、裁判官の任免、法案の承認なども女王の公務である。また、大英帝国勲章の授与や議会の開会と停会の権限を持つのも女王のみ。女王の出席の下で議会は開会され、停会される。政府の施政方針演説では政府草案の原稿を女王が読み上げることになっている。

＊国王大権とは

　女王が持つ「国王大権」には今でも大きな意味があり、例えば首相が議会の解散を行おうとしても、女王はこれを拒否することができる。政治家の独断専行を阻止できる権限が備わっている。

　さらに、女王はイギリス海軍や空軍の最高司令官であるため、軍関連の式典にも出席する。加えて、イングランド国教会の首長でもあり、司教や司祭を任命する役割も担っている。

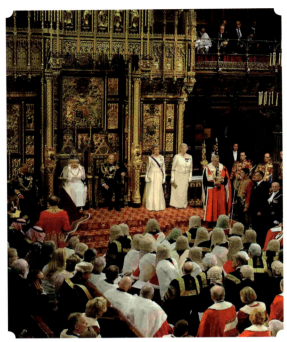

上院議会の開会式でスピーチするエリザベス女王（2016年5月）議会の開会や停会をすることも女王の公務

イングランド国教会の寺院であるウェストミンスター寺院

王室の財政

　イギリス王室は国民の税金で生活しているのではなく、独自の収入源を王室費として計上している。それは、「クラウン・エステート（国王の公の不動産）」と呼ばれる、広大な所領から上がる収入である。

　過去10年間では、その収益から国家財政委員会に20億ポンド(約2900億

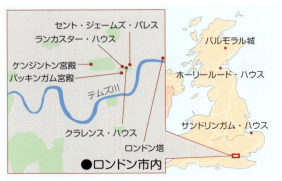

おもな王室財産

円）をもたらし、そこから毎年15〜25%を助成金として王室が受け取っている。つまり、これが王室の収入になるというわけだ。助成金は、王室スタッフの人件費や公務での旅行費、その他では宮殿の維持費などにも使われている。

他にも、エリザベス女王は競走馬のオーナーとしても成功しており、莫大な賞金を獲得しているといわれている。

ロンドン塔

ロイヤルファミリーの住まい

エリザベス女王と夫のフィリップ殿下は、平日はバッキンガム宮殿に、週末にはウィンザー城に滞在することが多い。また、夏にはスコットランドのバルモラル城で、クリスマスにはイギリス東部ノーフォーク州のサンドリガム・ハウスで過ごすのが恒例となっている。

息子であるチャールズ皇太子とカミラ夫人は、バッキンガム宮殿からも近いクラレンス・ハウスに居住。孫のウィリアム王子一家は、バッキンガム宮殿からハイドパークをはさんで西側に位置するがケンジントン宮殿で暮らしている。

ウィンザー城

バッキンガム宮殿

ロイヤルファミリーの生活

＊エジンバラ公フィリップ殿下

エリザベス女王の夫であるエジンバラ公フィリップ殿下は、女王の慈善事業を補佐すると共に、自然保護やスポーツ、軍隊などに関連する様々な団体をサポートする活動を行っている。日本の日本学士院の名誉会員でもあり、日本学士院エジンバラ公賞を創設したことでも知られ

エジンバラ公フィリップ殿下

チャールズ皇太子ご一家　前列左から　ジョージ王子、チャールズ皇太子、カミラ夫人、シャーロット王女
後列左から　キャサリン妃、ルイ王子、ウィリアム王子、ヘンリー王子、メーガン妃

ている。現在98歳であり、2017年8月からは、公務から引退している。

＊チャールズ皇太子

貧困層の若者に学業の機会や職業訓練を与えることを目的とする「ザ・プリンス・トラスト」をはじめ、13の慈善団体を立ち上げ総裁を務めている。また環境問題にも取り組んでおり、自ら有機食品会社を経営している。

＊ウィリアム王子

2015年から2年間、イーストアングリア地方の救命用航空機のパイロットとして勤務。現在は職場での心のケアに取り組む「メンタル・ヘルス・アット・ワーク」を立ち上げた他、ロンドン航空救急サービスの設立30周年記念キャンペーンのパトロンに就任し、救急隊員の活動のサポートと同サービスの重要性を啓蒙している。キャンペーンで集まった寄付金で新施設の建設を予定するなど、王族としての公務に精力的に取り組んでいる。

＊ヘンリー王子

傷病兵による国際スポーツ大会「インビクタス・ゲーム」の立ち上げや、アフ

英王室夏の恒例行事 ガーデンパーティ（2012年5月29日）

リカのレソト王室と共同で、レソトの孤児を支援する団体を創設に尽力し、亡きダイアナ妃の意志を継ぎ様々な慈善活動に取り組んでいる。

女王主催のガーデンパーティ

＊ガーデンパーティ

ハノーヴァー朝のヴィクトリア女王が始めたとされるガーデンパーティは、現在でもエリザベス女王主催で行われている。年4回、毎回8,000人程度を招待する。バッキンガム宮殿の庭園などでお茶やサンドイッチ、ケーキなどが供される。主な招待客は慈善団体や公共部門に従事する人だが、軍隊や地方自治体の代表者によっても推薦される。招待客はパートナーや友人などの1人まで同伴することができる。

宮殿の門が開くのは午後3時。午後4時頃から軍隊のバンドにより国歌が演奏され、女王と殿下、その他のロイヤルファミリーが入場してパーティが始まる。ロイヤルファミリーはそれぞれが異なるルートを辿って出席者のもとへ向かい、大勢の出席者とできるだけ平等に話す機会を提供している。パーティはおよそ3時間続く。

女王の誕生日は年2回

エリザベス女王の実際の誕生日は4月21日だが、6月の第2の土曜日を公式の誕生日としている。2回の誕生日を持つのは、国王の特権でもある。

エリザベス女王の92歳の誕生日（2018年6月9日）

由来は1683年、ハノーヴァー朝のジョージ2世まで遡る。王は11月に生まれたが、イギリスの11月は非常に寒く、朝晩の寒暖差も激しいために祝賀行事を行うにはふさわしくなかった。そこで、気候のよい6月に誕生を祝おうと、2つ目の"公式誕生日"が作られたという。

エリザベス女王が生まれた4月もまだ寒く、天気も安定しないため、6月の第2土曜日を公式な誕生日としている。前日の金曜日から翌日の日曜日にかけて式典やパレードが行われ、バッキンガム宮殿のバルコニーにロイヤルファミリーが一堂に会すなど、国中が盛り上がるイベントとなっている。

ロイヤルウエディング

＊エリザベス女王

エリザベス女王がフィリップ殿下と結婚したのは第二次世界大戦の終戦間もない1947年。イギリス国民は配給での生活を強いられており、ロイヤルファミリーも例外ではなかった。そのため、エリザベス女王は衣服の配給券を貯めてウエディング・ドレスを作ったという。結婚式の3か月前になってようやく製作が始まり、中国から輸入したアイボリーのシルクに10000個のパールが縫いつけられた。また、4mほどのトレーン（ドレスの後ろの裾）をつけ、ジャスミンやバラなどの花の刺繍が施された。その美しいデザインには、戦後のイギリスの「再生と成長」が象徴されていたという。

エリザベス女王のロイヤルウェディング（1947年11月20日）

＊ダイアナ妃

王室史上最長の25フィート（約7.6メートル）のトレーンと、1万個のパールが縫い付けられた豪華さで知られるダイアナ妃のウエディング・ドレス。足元はほとんど見えなかったものの、542個のスパンコールと132個のパールが縫いつけられたシルクの靴が組み合わされていたという。しかし、靴でもっともこだわったのはヒールの高さ。178cmと

長身だったダイアナ妃は、ほぼ同じ身長だった夫を気遣かい、ヒールを最大限低くしたという。

* **キャサリン妃**

ロイヤルファミリーのウエディング・ドレスにつきもののパールを一切使っていないキャサリン妃のドレス。代わりにバラ、ラッパスイセン、アザミ、シャムロックの花が刺繍されている。これらはイギリスを構成するイングランド、ウェールズ、スコットランド、北アイルランドそれぞれの国花であり、イギリスへの敬意を表していたという。

キャサリン妃は現在、子どものメンタルヘルスについての問題に積極的に取り組んでいて、8つの団体のパトロンを努めている。

* **メーガン妃**

2018年にヘンリー王子と結婚したアメリカ出身のメーガン妃。式が執り行われたウィンザー城内のセント・ジョージ礼拝堂は、最大収容人数800人と小規模であり、ロイヤルウエディングとしてはプライベート感のある結婚式となった。ウェディング・ドレスもシンプルでシックなデザインだったが、こだわりは5mのベールに隠されており、メーガン妃の故郷であるカリフォルニアの州花「ハナビシソウ」と、イギリス連邦に加盟する53の地域を代表する花々の刺繍が施されていた。

チャールズ皇太子とダイアナ妃のロイヤルウェディング
（1981年7月29日）

ウィリアム王子とキャサリン妃のロイヤルウェディング
（2011年4月29日）

ヘンリー王子とメーガン妃のロイヤルウェディング
（2018年5月19日）

王位継承と戴冠式

＊王位継承法の改正

現在、イギリス王室の王位継承者第1位は70歳のチャールズ皇太子。エリザベス女王の跡を継いで王位を継承した場合、イギリス史上最も高齢で戴冠することになる。

2013年にイギリスの王位継承法は改正され、性別を問わずに長子優先とすることと、カトリック信徒との婚姻による王位継承権の喪失条項を撤廃することが決まり、2015年に発効した。このため、第2位はウィリアム王子。第3位はウィリアム王子とキャサリン妃の長男であるジョージ王子で、第4位は同じく長女のシャーロット王女となった。

＊戴冠式

イギリスの戴冠式は900年にわたりロンドンのウェストミンスター寺院で行われている。1953年に行われたエリザベス女王の戴冠式では、カンタベリー大主教が祈祷し、国王が宣誓して「キング・

宝珠を持ち聖エドワード王冠をつけキング・エドワード・チェアに着いたエリザベス2世

エドワード・チェア」に着いた。その後、大主教が国王の頭と胸、両手のひらに聖油を注ぎ、宝剣や宝珠、王笏、王杖、指輪、手袋などを授けたのち、「聖エドワード王冠」を戴冠した。

戴冠式には各国の王族が列席し、日本からは皇太子であった19歳の明仁親王（上皇）が、昭和天皇の名代として列席している。

カンタベリー大主教への宣誓（1953年6月2日、ウェストミンスター寺院）

系図

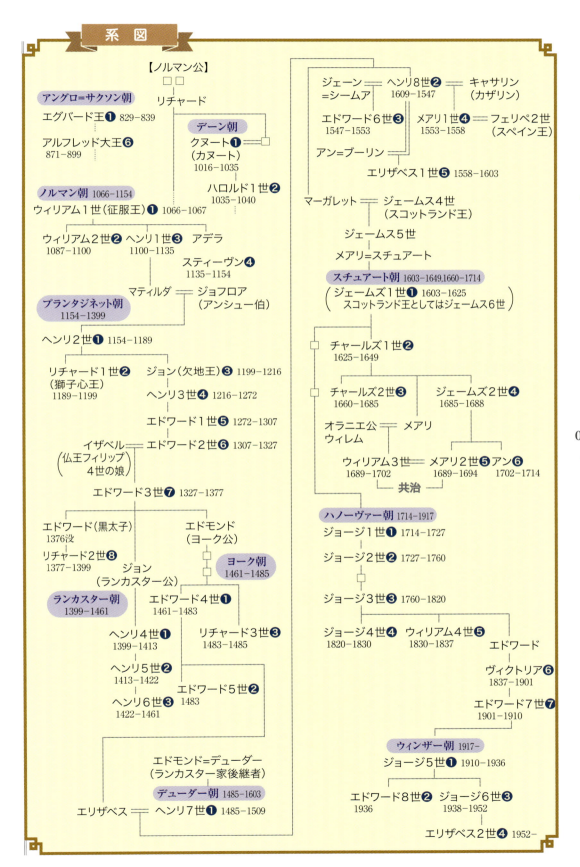

グレートブリテン及び北アイルランド連合王国

スペイン王国
Kingdom of Spain

首　　都：マドリード
建　　国：1516年
公用語：スペイン語、（カスティーリャ語）
（スペイン憲法はバスク語（バスク州・ナバーラ州北西部）、カタルーニャ語（カタルーニャ州・バレアレス州）、ガリシア語（ガリシア州）、バレンシア語（バレンシア州）、アラン語（カタルーニャ州）についてもそれぞれの自治州の憲章内容に沿い公用語として認めている）

面　　積：506,000km²
人　　口：4,666万人
　　　　　（2018年1月）
ＧＤＰ：1兆3,143億ドル
（MER）　（2017年IMF統計）

スペイン王国：南ヨーロッパのイベリア半島の大部分を占める他、地中海西部のバレアレス諸島、大西洋上のカナリア諸島なども含む。地中海性気候に属する地域が多く、北部では麦類や畜産物、中央部では麦類やブドウ、畜産物、東部では柑橘類、南部ではオリーブ、ブドウ、野菜などの生産が盛ん。世界遺産登録件数がEU内でもイタリアに次いで多く、観光業による収益も高い割合を占める。国技である闘牛も多くの観光客を集めている。日本とは異なる時間帯で食事を摂ることでも知られ、「Desayuno（デサジューノ）：朝食」、「Merienda media Mañana（メリエンダ・メディア・マニャーナ）：午前の間食」、「Almuerzo（アルムエルソ）：昼食」、「Merienda（メリエンダ）：昼食と夕食の間にとる軽食」、「Cena（セナ）：夕食」と1日5回食事をする。

サグラダ・ファミリア教会

現在の国王

現国王名：フェリペ6世
（全名：フェリペ・フアン・パブロ・アルフォンソ・デ・トードス・ロス・サントス・デ・ボルボン・イ・グレシア）
生年月日：1968年1月30日
代：第17代国王（ボルボン朝12代国王）
在位：2014年6月19日～

王室の成り立ち／変遷

＊スペイン王国の成立

　イベリア半島中央部にあったカスティーリャ王国と、イベリア半島北東部に位置したアラゴン王国が合同した1479年に、スペイン王国が誕生。アラゴン王国のフェルナンド王子と、カスティーリャ王国のイサベル女王が結婚し、二人で統治を行いながら共同でトラスタマラ朝の王位に就いた。

　1516年にアブスブルゴ朝を建てたカルロス1世以降、長きにわたってハプスブルク家の正統が続いたが、1700年にカルロス2世が子供を持つことなく死去したことから、ハプスブルク家は断絶。そこでフランスからルイ14世の孫を迎え、フェリペ5世がボルボン朝を開いた。このとき、フランスはスペインを併合しないことに同意し、またスペイン王室はフランス王位継承権を永久に放棄した。

＊現代の国王

　19世紀のボルボン王朝では、フェルナンド7世に男子がなかったことから、娘のイザベル2世を女王とした。しかし、

スペイン国王カルロス1世

中世のイベリア半島

当時のスペインでは女系継承を禁じるサリカ法を王位継承法に導入していた。そのため、フェルナンド7世は強引にサリカ法を廃し、娘の王位継承を強行。これにより、7年間に及ぶ内戦が起きた。

紋章の意味

　左右を支えるのは「ヘラクレスの柱」。これはイベリア半島の最南端に位置するジブラルタル海峡の岬に付けられた古代の地名を意味する。柱に巻きついたリボンに描かれた文字の意味は「より遠くへ」。中央の盾はスペイン王を表す王冠をいただき、5つの旧王国の紋章が描かれている。右上の獅子はレオン王国、左上の城はカスティーリャ王国、右下の鎖はナバラ王国、左下の金地に赤い縦線はアラゴン王国、そして下部のザクロはグラナダ王国の紋章である。

フェリペ6世とその家族　左から　フェリペ6世、ソフィア王女、レティシア王妃、レオノール王女（2017年8月6日）

何とか鎮圧はしたものの、スペイン国内政治は混乱が続いた。

その後、2度の世界大戦などもありスペインは王国でありながら王が不在の時代に突入したが、アルフォンソ13世の孫が1975年にファン・カルロス1世として第3次ブルボン朝を開き、王政復古が実現した。

王室の役割

＊象徴としての国王

スペインは議会君主制の国であり、王室は「国の象徴」として存在し、政治的な権力は持たない。議会の推薦を受けての首相の指名、首相の推薦を受けての閣僚の任命などを行う。前国王ファン・カルロス1世の時代は、国家の統一や安定化のシンボルとしての役割を果たし、1981年に起きたクーデター未遂事件では、ファン・カルロス1世の呼びかけで民主政治の維持が図られ、国民からの信頼は高まり、国王の役割も不動のものとなった。

＊王室の支持率低下？

しかし、その後、ハンティングが趣味だったファン・カルロス1世がアフリカで像狩りをしている写真が出回ったことや、王室に関係するスキャンダルが相次ぎ、王室の支持率は急落した。

現国王のフェリペ6世には国民の支持がある一方で、国民の間には王室廃止論があるのも事実である。

国王の生い立ち

＊フェリペ6世は元オリンピック選手

現国王のフェリペ6世はファン・カルロス1世の長男として生まれ、カナダのレイクフィールド・カレッジ・スクー

ルを卒業したのち、マドリード自治大学で法律を学んでいる。また、ゼネラル・ミリタリー・アカデミーでは軍事研究を行い、サンハビエル総合航空アカデミーでも学んだ。陸海空の士官学校ではヘリコプターの操縦技術を習得している。

　スポーツ全般に長けており、1992年のバルセロナオリンピックではヨット競技に出場し、スペインチームの旗手も務めた。同オリンピックで6位に入賞を果たしている。

王妃はジャーナリスト

＊王室で初のバツイチ民間王妃

　2004年、皇太子であった時にTVキャスターで離婚歴のあるレティシア・オルティス嬢と結婚した。スペインには、神前で結婚する教会婚と、裁判所か市役所で結婚する民事婚がある。カトリックの教義では離婚は認められていないが、レティシア嬢の前回の結婚は民事婚であったため、〝ノーカウント〟とされ、晴れて二人は結婚することができた。ブルボン朝で民間出身の離婚歴のある女性を妃

フェリペ皇太子（当時）とレティシア嬢とのロイヤルウェディング（2004年5月24日）

として迎え入れたのは初めてのことである。

　レティシア王妃はスペイン癌協会と基金の名誉会長に就任し、予防キャンペーンの活動を行っている。また、視覚障害や難聴、自閉症スペクトラム障害の人々に対するに支援活動にも従事している。

1992年 バルセロナ五輪 セーリングに出場したフェリペ6世（中央）

シンプルだった フェリペ6世の即位式

　2014年6月、フェリペ6世の即位式が行われた。前国王であるファン・カルロス1世は緑色の陸軍最高指令官の制服で即位式に臨んだが、息子であるフェリペ6世は黒の陸軍制服に国王のみに許される赤い帯を付けた副装だった。国会議事堂において議員を前に即位の宣誓が行われ、車で王宮まで移動。国内の名士を招いた式典を開催したものの、祝賀会も晩餐会も開かれなかった。スペインの経済状況や王室廃止の世論を受けての対応と思われる。

　ファン・カルロス1世の即位式では妻のソフィア王妃はロングドレスを身に付けていたが、レティシア王妃はシンプルな白いスーツ。襟元に宝石が縫い付けてあったものの、装飾品は胸のブローチのみだった。

スペインの王宮

　マドリード王宮はオリエンテ宮とも呼ばれ、9世紀に建てられた要塞の跡地を歴代の王らが豪華な王宮へと造り替えてきた。とくに、フェリペ2世とフェリペ4世によって贅沢な装飾が施されたが、1734年に火災で全焼。フェリペ5世により1738年から再興され、1764年に、正式にカルロス3世の居城となった。

　現在、王族は暮らしておらず、スペイン政府の所有となっていて、国家の式典のみに使用されている。

　フェリペ6世とレティシア王妃の結婚披露宴はオリエンテ宮の中庭で行われた。現在の王族の居城は、マドリード郊外にありオリエンテ宮よりも小さな、サルスエラ宮となっている。

スペイン新国王の戴冠式　議会で即位の宣誓をするフェリペ6世

国王一家の居城であるサルスエラ宮殿（マドリード）

マドリード王宮内　王立武具博物館

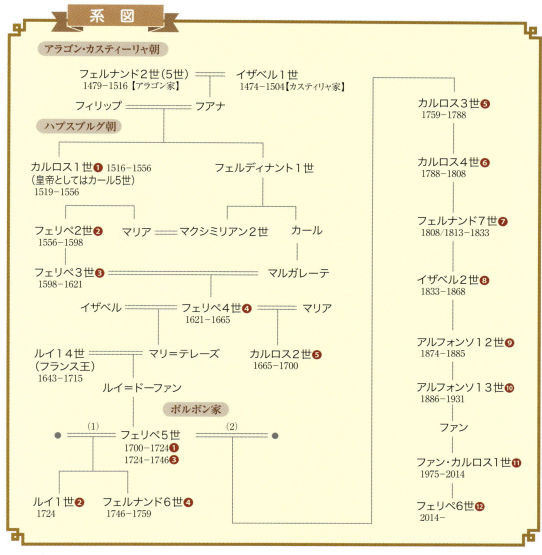

マドリード王宮　スペイン政府が所有する、ヨーロッパでも最大級の王宮

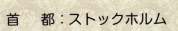

スウェーデン王国
Sweden

首　都：ストックホルム
建　国：1523年
公用語：スウェーデン語
面　積：450,300km²
人　口：1,022万人
　　　　（2018年11月, スウェーデン統計庁）
ＧＤＰ：5,356億ドル
(MER)　（2017年IMF統計）

ストックホルム旧市街

スウェーデン王国：スカンジナビア半島の東側を占める北欧最大の国。面積は日本よりやや大きいが、人口は日本の10分の1以下。冬の最低気温は−5度、最高気温は1度と、メキシコ湾流の影響で同緯度の他地域よりも比較的温暖。11月から3月ぐらいまで長い冬が続く。6から7月にかけて白夜が訪れ、1日中太陽が昇らない極夜も12月から1月にかけて訪れる。ダイナマイトの発明者として知られるアルフレッド・ノーベルの母国であり、毎年12月にストックホルムで開催されるノーベル賞授賞式が有名。

現国王名：カール16世グスタフ
　　　　（全名：カール・グスタフ・フォルケ・フーベルトゥス）
生年月日：1946年4月30日
　　代：第23代国王（ベルナドッテ王朝第7代国王）
在　位：1973年9月15日～

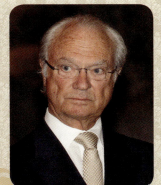

現在の国王

王室の成り立ち

＊カルマル同盟からの独立

ヴァイキングの時代を経て発展を遂げたスウェーデン王室。しかし、歴代王と貴族たちの争いが激化する中で弱体化が進み、14世紀には当時のデンマーク国王だったヴァルデマー4世の次女で、10歳でノルウェー国王ホーコン6世に嫁いだマルグレーテ1世が、デンマーク・ノルウェー・スウェーデンを合一してカルマル同盟を成立させる。そのためスウェーデンは、実質的にデンマークの支配を受ける時代が続いた。

1430年代からデンマーク支配への抵抗運動が繰り返し起こるようになり、1523年にはスウェーデンの名門貴族として生まれたグスタフ・エリクソン・ヴァーサ（グスタフ1世）が指導者として蜂起。スウェーデン国会により国王として選出され、スウェーデンを独立に導いてヴァーサ朝を興した。

この日が6月6日であったため、スウェーデンの建国記念日は6月6日に定められている。

カルマル同盟（16世紀初）現在のデンマーク、スウェーデン、ノルウェー、フィンランド、アイスランドまでにわたる。

グスタフ1世

＊現在のスウェーデン王国

17世紀にはヴァーサ朝第6代王であるグスタフ2世アドルフがスカンジナビア半島南部にまで領土を拡大。プファルツ朝、ヘッセン朝、ホルシュタイン＝ゴットルプ朝と交代する中で、ロシアとの戦いに敗れてバルト海沿岸を失い、ナポレオン戦争ではフィンランドなどを失った。

紋章の意味

王冠をいただいた金の縁と金の紐で飾られた紫色のテント。その中にベルナドッテ朝を表す盾が配されている。盾の右上と左下に描かれた黄金の獅子は、中世スウェーデンで国家の統一に大きな役割を果たした大貴族ビルイェル・ヤールの紋章。左上と右下のスリークラウンは、守護聖人としての三人の賢人を象徴している。盾の中央にある小さな盾は、デンマークの支配からスウェーデンの独立を確保したグスタフ1世を祖とするヴァーサ王朝の紋章に由来する。

王室ご一家　左からダニエル王子、ヴィクトリア皇太子、エステル王女、シルビア王妃、グスタフ国王、ソフィア王女、カール・フィリップ王子、マデレーン王女、クリストファー・オニール氏

　その後、スウェーデン王室はナポレオン戦争期のフランス人将校だったジャン＝バティスト・ジュール・ベルナドッテを迎え、王位を継承し、カール14世ヨハンとなりベルナドッテ朝を起こした。彼は反ナポレオンの側に立ち、スウェーデンの社会基盤を整備。その功績から王位は安泰となり、現在まで王位を受け継いでいる。

王室の役割

＊国王の権能

　1974年に国民主権と議会制民主主義を基本原則とする新憲法が制定され、「政府が王国を統治し政府は国会に責任を負う」と記載された。これにより、立憲君主制の国として国王は儀礼的・国家代表的な権能の行使のみが保障されることとなった。とはいえ、閣議を通じて国家の中枢に関わる他、国賓としての世界各国への訪問、海外からの賓客の接遇、各国大使との謁見及び信任状を受け取るなど、幅広い役割を果たしている。

王位継承も男女同権

＊王位継承法の改正

　1979年、スウェーデンではそれまで男子にしか継承権を認めていなかった王位継承法が改正された。これにより、男女に関わらず長子に継承権が与えられることとなった。現国王であるカール16世グスタフには長女ヴィクトリア、長男カール・フィリップ、次女マデレーンの順に子どもがいるが、長男が生まれた翌年に法律が改正されたため、現在の王位継承順位第1位は長女のヴィクトリア皇太子である。さらに第2位はヴィクトリア皇太子の長女であるエステル王女、第3位が長男であるオスカル王子で、現国王の長男であるカール・フィリップ王子は第4位となっている。

国王の生い立ち

＊4歳で皇太子に!!

曽祖父であるグスタフ5世の時代に5人姉弟の末っ子として生まれたカール16世グスタフ。誕生の翌年、当時の王位継承順位第2位だった父を飛行機事故で失い、さらに3年後にはグスタフ5世が死去した。カール16世グスタフの姉弟は、当時のスウェーデンでは王位継承権のない女性のみだったため、4歳で皇太子となり、王位についた祖父のグスタフ6世アドルフによって育てられた。

＊祖父のあとを受け27歳で国王に

高校卒業後はスウェーデン軍で2年半の教育を受け、スウェーデン陸海空軍大尉に任官。大学では歴史学、社会学、政治学を学ぶ一方、射撃などのスポーツも万能で、とくにスキー好きは有名。現在もオリンピックやスキーの世界選手権ではスウェーデンチームの応援に駆けつけるという。

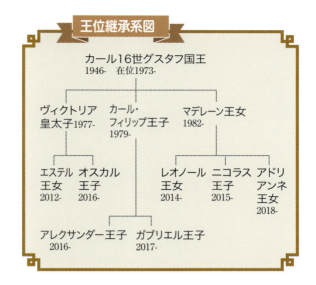

王位継承系図

- カール16世グスタフ国王 1946- 在位1973-
  - ヴィクトリア皇太子 1977-
    - エステル王女 2012-
    - オスカル王子 2016-
  - カール・フィリップ王子 1979-
    - アレクサンダー王子 2016-
    - ガブリエル王子 2017-
  - マデレーン王女 1982-
    - レオノール王女 2014-
    - ニコラス王子 2015-
    - アドリアンネ王女 2018-

大学卒業後は裁判制度や労働組合、外交など幅広い分野への研究に従事し、国際連合やスウェーデン大使館、商工会議所などで就労した。25歳でグスタフ6世アドルフの摂政を務め、その2年後、グスタフ6世アドルフの死去を受け、27歳の若さで国王となっている。

ヴィクトリア皇太子の公務

将来の国王として、近年はさまざまな公務に従事する機会が増えているヴィクトリア皇太子。1998年から2年間アメリカのイェール大学に留学し、ワシントンD.Cにあるスウェーデン大使館で訓練生として勤務した。帰国後は、2000年秋に国防大学で紛争解決と国際平和維持活動の研究に従事したほか、スウェーデン国内の農地での研修、陸軍での軍事訓練も受けている。2009年には平和と紛争に関する学士号を取得。サウジアラビアやバングラデシュ、スリランカなど各国を視察し、国際援助活動の研究も行っている。

王室の女性たちに受け継がれていくティアラ。近年のノーベル賞授賞式でシルビア王妃が身に付けているティアラは、ベルナドッテ朝第4代王オスカル2世（1829-1907）の妻、ソフィア王妃の「9角のダイヤティアラ」だ。ティアラのトップには9つの大粒ダイヤモンドが飾られ、そのほかにも500のダイヤモンドが散りばめられている。

シルビア王妃とティアラ

世紀の恋

カール16世グスタフ国王は1976年に結婚。シルビア王妃との出会いはミュンヘンオリンピック。即位前のカール・グスタフ王子の観戦の世話係をしたコンパニオンが、ドイツ人ビジネスマンの父とブラジル人の母を持つシルビア嬢だった。スウェーデン王室では外国貴族と結婚するのが習わしとなっていたため、一民間人だった女性との結婚は「世紀の恋」と話題になった。また、国民に対して国王の庶民性をアピールすることにもつながったという。

国王の娘であり王位継承順位第1位のヴィクトリア皇太子も2010年に結婚。お相手はストックホルムでスポーツジムを経営していたオーロフ・ダニエル・ベストリング氏で、皇太子の個人トレーナーを担当したことがきっかけ。当初、国王はふたりの交際に反対したというが、7年に及ぶ交際の間、スウェーデン王室の一員にふさわしいマナーや知識を身に付けたことで認められた。ダニエル氏の称号はヴェステルイェートランド公爵。

スウェーデン皇太子ヴィクトリアのロイヤルウェディング（2010年6月19日）

国王の住まい

スウェーデンの首都にあるストックホルム宮殿は、13世紀から建設が始まり、改装や火災による崩壊を経て、現在の姿になったのは19世紀。609室を有し、元来の用途として使用されている宮殿としては世界最大級である。

現在も国王の執務室やバンケットルームとして使われており、ノーベル賞受賞者の晩餐会も開かれる。

国王一家の私邸はストックホルム郊外のローベン島にあるドロットニングホルム宮殿で、1686年、プファルツ朝のカール11世の時代に建設された。「北欧のヴェルサイユ宮殿」とも称され、1991年にはユネスコ世界遺産に指定されている。

ドロットニングホルム宮殿（ストックホルム）

2018年ノーベル賞 国王主催の晩餐会　ストックホルム宮殿内

系図

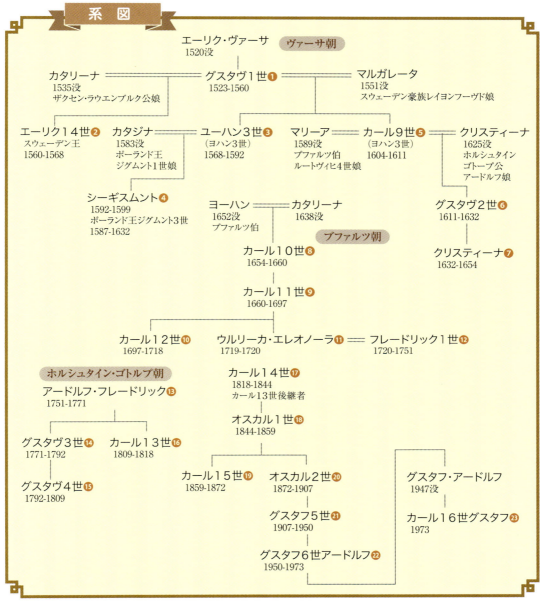

ヴァーサ朝

エーリク・ヴァーサ
1520没

カタリーナ ══ グスタヴ1世 ❶ ══ マルガレータ
1535没　　　1523-1560　　　1551没
ザクセン・ラウエンブルク公娘　　スウェーデン豪族レイヨンフーヴド娘

エーリク14世 ❷　カタジナ ══ ユーハン3世 ❸　マリーア ══ カール9世 ❺ ══ クリスティーナ
スウェーデン王　1583没　　　（ヨハン3世）　1589没　　（ヨハン3世）　　1625没
1560-1568　　ポーランド王　1568-1592　　プファルツ伯　1604-1611　　ホルシュタイン
　　　　　　ジグムント1世娘　　　　　　　ルートヴィヒ4世娘　　　　　　　ゴトープ公
　　　　　　　　　　　　　　　　　　　　　　　　　　　　　　　　　　　　アードルフ娘

シーギスムント ❹　　　ヨーハン ══ カタリーナ　　　　グスタヴ2世 ❻
1592-1599　　　　　　1652没　　　1638没　　　　　　1611-1632
ポーランド王ジグムント3世　プファルツ伯
1587-1632

プファルツ朝

カール10世 ❽　　　　　　　　　　　クリスティーナ ❼
1654-1660　　　　　　　　　　　　1632-1654

カール11世 ❾
1660-1697

カール12世 ❿　ウルリーカ・エレオノーラ ⓫ ══ フレードリック1世 ⓬
1697-1718　　1719-1720　　　　　　　　　　　1720-1751

ホルシュタイン・ゴトルプ朝

アードルフ・フレードリック ⓭　　　　カール14世 ⓱
1751-1771　　　　　　　　　　　　1818-1844
　　　　　　　　　　　　　　　　　カール13世後継者

グスタヴ3世 ⓮　カール13世 ⓰　　オスカル1世 ⓲
1771-1792　　1809-1818　　　　1844-1859

グスタヴ4世 ⓯　　　　カール15世 ⓳　オスカル2世 ⓴　　グスタフ・アードルフ
1792-1809　　　　　1859-1872　　1872-1907　　　　1947没

　　　　　　　　　　　　　　　　グスタフ5世 ㉑　　　カール16世グスタフ ㉓
　　　　　　　　　　　　　　　　1907-1950　　　　1973

　　　　　　　　　　　　　　　　グスタフ6世アードルフ ㉒
　　　　　　　　　　　　　　　　1950-1973

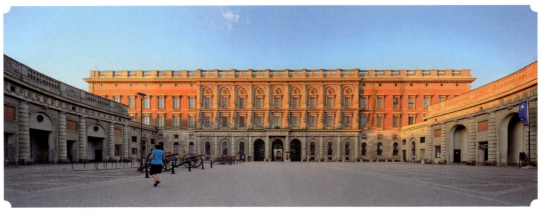

ストックホルム宮殿

リヒテンシュタイン公国
Principality of Liechtenstein

首　　都：ファドーツ
建　　国：1719年
公 用 語：ドイツ語
面　　積：160k㎡
人　　口：37,686人
　　　　　（2016年）
Ｇ Ｄ Ｐ：62.8億ドル
（MER）　（2015年 世界銀行）

リヒテンシュタイン公国：スイスとオーストリアに挟まれた、南北に25km、小豆島と同じくらいの面積で世界で6番目に小さい国である。海に出るまでに最低2つの国境を越えなければならない「二重内陸国」。標高が高く、山に囲まれており、夏季の最高気温は20〜24度、最低気温は11〜14度程度。冬季の最高気温は10度を下回り、最低気温は−1〜2度になることもある。主要産業は精密機械や医療機器。ジャガイモなどの穀物やブドウの栽培、牧畜なども行われているが、農業人口はわずかである。高度な印刷技術から"世界で最も美しい"と絶賛される切手の発行でも有名。

リヒテンシュタインの風景

　一定の課税が軽減または完全に免除されるタックス・ヘイブンの国としても知られている。税金免除を目的として外国企業のペーパーカンパニーも集まっている。その法人税は国の税収の40%を超えると言われ、リヒテンシュタインの国民は所得税や相続税、贈与税がないという恩恵を受けている。

現在の国王

現国王名：ハンス・アダム2世
（全名：ヨハネス・アダム・フェルディナント・アロイス・ヨーゼフ・マリア・マルコ・ダヴィアーノ・ピウス・フォン・ウント・ツー・リヒテンシュタイン）

生年月日：1945年2月14日
　　　代：第15代元首
　在　位：1989年11月13日〜

王室の成り立ち／変遷

＊ハプスブルグ家と リヒテンシュタイン家

14世紀頃から、オーストリアの領主であったハプスブルク家の寵臣として活躍した、下級貴族のリヒテンシュタイン家。1608年にカール1世が公爵の位を与えられ、現在まで続くリヒテンシュタイン公爵家の創始者となった。その後、カール1世の孫であるハンス・アダム1世がライン川上流のシェレンベルクや、その南に位置し現在の首都にあたるファドゥーツを購入し、公国としての基礎を固めていった。

＊「公国」である意味

貴族である「公」を君主とする国という意味で「公国」。ドイツ語圏での貴族の爵位フュルストは「侯」もしくは「侯爵」、「公」もしくは「公爵」と訳される。君主であるリヒテンシュタイン家の世襲の爵位は「公爵」が、リヒテンシュタインは公国と呼ばれ、一般的には「リヒテンシュタイン公」、もしくは「大公」という表現もされる。

マリア・テレジアの家族（オーストリア国立美術史美術館蔵）
マリア・テレジアはオーストリア・ハプスブルク家の女性君主。ハプスブルク家の家督を相続し、1740年にオーストリア大公妃兼ボヘミア王、ハンガリー王に即位した。ハプスブルク家は、南ドイツを中心にスペインやハンガリー、オーストリアなどの王室の家系に連なる、当時、ヨーロッパ随一の名門王家。

紋章の意味

王冠を戴いたマントの中に、リヒテンシュタイン家が関わってきたヨーロッパの歴史上の地域や名家の紋章が描かれている。中央にある赤と金の盾は、リヒテンシュタイン家を表す。

カール1世

リヒテンシュタイン大公ご一家　前列左から、ハンス・アダムス2世大公、ジョゼフ・ヴェンツェル公子、ゲルオグ公子、マリー・カロリーネ公女、マリー大公妃
後列 ゾフィー皇太子妃（黄色い服装）とアロイス皇太子（建国記念日のファドーツ城にて）

＊公国としての発展

　1791年、ハンス・アダム1世の又従兄にあたる第5代元首アントン・フローリアンが、神聖ローマ皇帝カール6世により自治権を与えられ、リヒテンシュタイン公国が始まった。第12代元首ヨハン2世の治世で、1867年には永世中立国を宣言し、第一次世界大戦には参加しなかった。

　現国王の父であるフランツ・ヨーゼフ2世の治世では、リヒテンシュタインのナチズム化を防ぎ、第二次世界大戦においてもナチス・ドイツに併合されることなく中立を維持し続けた。

王室の役割

＊国民投票で王政が決まる？！

　立憲君主制ではあるが、公爵は政治的発言することができる。議会は一院制で、25人の国会議員は選挙によって選ばれるが、首相任命権や議会解散権、法案拒否や裁判官選定の権限などは公爵が持っている。ただし、君主制の存廃を国民投票によって決めることができるなど、国民の権利や自由も保障されている。

国王の生い立ち

＊39歳で摂政に就任

　ハンス・アダムス2世はオーストリ

アのショッテン・ギムナジウム、スイスのザンクト・ガレン大学などで学び、経済学を修めた。1967年、ボヘミアの上流貴族の流れを汲む伯爵家のマリー・キンスキー嬢と結婚。3男1女をもうけた。1970年、25歳で父侯より侯爵家の財産管理を委託され、39歳の時に摂政に就任。この時統治権を継承している。父侯の死去に伴いリヒテンシュタイン侯爵に即位した。

＊美術品収集が一族の栄誉

リヒテンシュタイン家には、「優れた美術品収集こそが一族の栄誉」という家訓があり、ハンス・アダム2世もヨーロッパにおける美術品の名品を受け継いできた。その数は実に3万点ともいわれている。2019年はリヒテンシュタイン建国300年であった。日本ではそれを記念して「リヒテンシュタインの至宝展」が開催された。

公室の財産状況

＊侯爵はヨーロッパ一のお金持ち

ハンス・アダム2世の資産は50億ドルともいわれている。ヨーロッパの中でもトップクラスの資産家であるので、国から歳費は受けていない。

リヒテンシュタイン公国は非常に小規模な国だが、同国内のみならずオーストリアなどの諸外国に同国の面積を超える土地を保有している。

リヒテンシュタイン家が所蔵する美術品

「クララ・セレーナ・ルーベンスの肖像」
（ルーベンス）

「彼女の夢を見失った。」
（フリードリヒ・フォン・リッター）

真鍮製天球

これは、リヒテンシュタイン家がハプスブルク家に仕えてきた歴史によるもので、所有する広大な不動産の地代をはじめ、公室が運営する投資会社、文化芸術活動を運営する財団などから莫大な収入を得ている。

大公の住まい

＊建国記念日に開放されるお城
　12世紀頃の創建と伝えられる、首都のファドゥーツ城がリヒテンシュタイン家の官邸である。代々の公爵の治世で修復が行われ、父公であるフランツ・ヨーゼフ2世によって大規模な拡張工事が行われた。常にリヒテンシュタイン家が居住しているため、城内の一般公開はされていないものの、建国記念日とされている8月15日のみ開放され、軽食やドリンクが無料で振舞われる。公爵ファミリーと話をしたり記念撮影をするなど、国民との触れ合いの機会になっているという。

後継者の育成も着々と進む

＊アイロス公世子への移譲
　現在の元首である公爵のハンス・アダム2世は、2004年には、公務から身を引いて長男であるアロイス・フォン・リヒテンシュタインに統治権を移譲している。
　アロイス公世子（ドイツ語圏の貴族の法定推定相続人の称号）は、イギリスのサンドハースト王立陸軍士官学校を卒業後、イギリスの歩兵連隊であるコールド

リヒテンシュタイン皇太子と現天皇陛下
（2012年10月2日）

ファドゥーツ城

ファドゥーツ城内

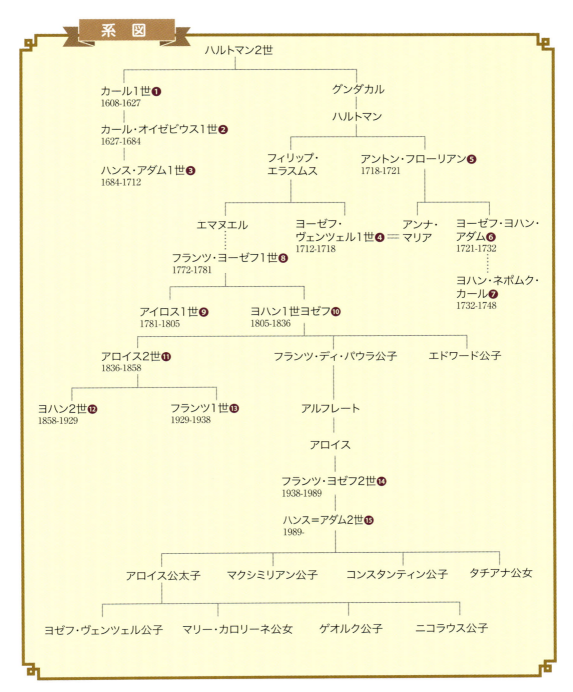

ストリームガーズの一員として軍務に就いた経験を持つ。その後ザルツブルク大学でも法哲学を修めている。ロンドンの企業に勤めたのち、2004年から摂政として職務を遂行している。

リヒテンシュタインにおける公爵の位は、長子の系統で最初に生まれた男子が継承することが定められている。アロイス公世子にもすでに3男1女があり、後継者問題はない。

オマーン国
Sultanate of Omanof Oman

- 首　都：マスカット
- 建　国：1749 年
- 公用語：アラビア語
- 面　積：309,500㎢
- 人　口：465 万人
  （2018年11月オマーン国立情報・統計センター）
- ＧＤＰ：708 億ドル
  （MER）（2018 IMF統計）

オマーン国：アラビア半島東端に位置する。北はオマーン湾をはさんでイラン、西はアラブ首長国連邦とサウジアラビア、南はイエメンと国境を接し、東はインド洋に面している。長い海岸線や砂漠、オマーンのグランドキャニオンとも呼ばれる標高 3000 m 級のハジャール山脈など、変化に富んだ自然を有する。首都マスカットの気候は 4〜10 月頃までが夏季であり、気温が 40 度に達する日も少なくない。12〜2 月が冬季であるが過ごしやすく、気温は 20 度前後で雨も少量降る。

マスカットの街の眺め

石油関連業が主な産業であるが、農漁業と観光業にも力を入れている。北部の港湾都市ソハールは、千夜一夜物語で描かれた船乗りのシンドバッドが航海に出発した港のモデルとされている。

現在の国王

- 現国王名：カブース・ビン・サイード・アル・サイード
- 生年月日：1940 年 11 月 18 日
- 　　　代：第 13 代国王（ブーサイード朝）
- 　在位：1970 年 7 月 23 日〜

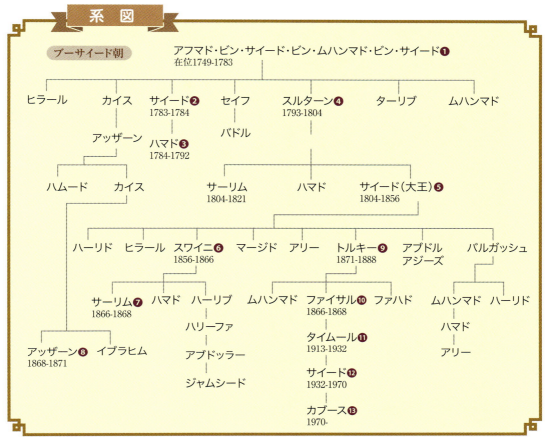

国王の成り立ち／変遷

＊ブーサイード朝の成立

　17世紀頃、オマーンを支配していたポルトガル人勢力を廃して国内の統一に踏み出したナシール・イブン・ムルシッドがヤールビ朝を建てた。しかし王朝の後半はペルシャの攻撃に晒され、これを撃退したブーサイード族のアフマド・ビン・サイードにより、18世紀頃にブーサイード朝が誕生。アフマド国王の治世はおよそ40年続いたといわれ、敵対勢力を抑えて国内を統一するとともに、海軍力を強化して対外的にも勢力拡大を進め、貿易にも力を入れた。ブーサイード朝は現在のカブース国王まで引き継がれている。

紋章の意味

　背景にあるのは交差した2本の太刀。その前面にあるのは、ハンジャールと呼ばれる半月刀で、国王の威厳を表している。いずれもオマーンの伝統的な武器で、とくにハンジャールはオマーンの公式行事で男性が正装する際、腰にベルトで装着される。男性の優雅さのシンボルでもある。

サイード大王による勢拡大

始祖アハマド国王の孫にあたるサイード・サイード・ビン・スルターン・アル＝サイードは、サイード大王とも呼ばれている。巧みな外交によりイギリスと親密な関係を結んだサイード大王のもと、オマーンはインド洋やペルシャ湾、アフリカ東部にまで勢力を広げた。

サイード大王は、現在はタンザニア連合共和国に属するインド洋上のザンジバル諸島を気に入り、ここにマスカットと並ぶ第2の首都を建てた。奴隷貿易やクローブの栽培などで富を得て、オマーン海上帝国とも呼ばれる最盛期を迎えたのもこの頃である。サイード大王はイギリスと並ぶ大交易帝国を築き上げたが、1856年に死去すると、息子たちの間で後継者問題が勃発。国内政治の混乱とともに、奴隷貿易の廃止などの影響を受け、その勢力は急速に衰退した。1891年にはイギリスの保護国となり、その後は内戦が続き、イギリスから独立を果たしたのは、1971年のことである。

国王の役割

絶対君主制の国家

国王が首相、外相、財務相、国防相を兼任する絶対君主制を維持している。ただし、現在のカブース国王の治世となってからは、前国王である父のサイード・ビン・タイムール時代の政策を大きく転換し、諮問議会の設置や毎年の地方巡幸を行いながら国民に寄り添う政治に努めている。中東の中でも情勢が安定している国のひとつだ。

カブース・ビン・サイード国王

エリザベス2世とカブース・ビン・サイード　長く在位している国王同志として、交流がある

1996年には憲法に相当する国家基本法が制定されたほか、2011年には議会に立法権及び監査権が付与されている。労働環境の改善を求めるデモの発生を受け、カブース国王は雇用創出や社会保障費の増額、社会サービスの向上などを発表している。

国王の生い立ち

＊不遇の青年期

カブース王は16歳でイギリスに留学し、20歳でイギリスのサンドハースト王立陸軍士官学校に入学している。卒業後はイギリス陸軍に籍を置き、西ドイツに赴任していたこともある。その後は再びイギリスで地方行政学などを学んだが、帰国後はカブース王の西欧的な思想に危惧を抱いた父王によって宮殿内に軟禁されていた。イスラム教とオマーンの歴史を学ぶ以外、政治への関与は認められず、父王との接触もまれにしか許されない歳月が続いた。

＊クーデターによる父王の退位

1970年、父王の保守的な政策に反対する協力者を集め、宮廷クーデターを決行。父王を追放し、それまでの国名「マスカット・オマーン土侯国」から「オマーン国」に改称するとともに、父王が続けてきた鎖国政策も放棄して近代的国家建設に尽力した。国際連合やアラブ連盟への加盟、IMF（国際通貨基金）やWHO（世界保健機関）、UNESCO（国連教育科学文化機関）などのメンバーにもなった。

カブース国王即位後のオマーン歩

前国王のサイード・ビン・タイムール

近代化をすすめたカブース・ビン・サイード（1982年）

ロイヤルオペラハウスオブマスカット

みは、「オマーン・ルネサンス」とも呼ばれている。

　クラシック音楽の愛好家であり、国王が結成したオーケストラもある。また親日家としても知られ、「国家開発の手本として日本人を見習うべし」とも述べている。

アラビアンカラーの迎賓館

　首都マスカットにある、近代イスラム建築が美しいアルアラム王宮は、1972年に建てられたカブース王の宮殿のひとつ。現在は、王室の儀式や海外からの賓客を迎える際の迎賓館として使われている。一般公開はされていない。カーブース国王が滞在しているときには、宮殿正面にオマーンの国旗が掲げられる。王宮のほど近くには、ポルトガル占領時代に建設されたアルジャーラリー要塞がそびえる。20世紀まで監獄として使用されていたが、その後修復され、現在はオマーンの歴史文化財を収めた博物館となっている。

アルアラム宮殿

アルアラム宮殿

スルタン・カブース・グランド・モスク　1995年にカブース現国王によって建築が開始され、2001年に完成したオマーン最大のモスク

国王が建てた豪華絢爛なモスク

1995年、カブース王の指示で着工し、6年の歳月をかけて完成した「スルタン・カブース・グランド・モスク」。およそ2万人を収容できる巨大なモスクである。大理石を用いた建物自体の美しさもさることながら、圧巻はドーム内に飾られた光り輝く巨大なシャンデリア。スワロフスキー社製で、24金と60万個のスワロフスキーを使用しており、高さは14m、重さは8tにも及ぶ。

大山清子とタイムール元国王

建て、娘とともにオマーンに戻り、第一夫人に預けた。以降、ブサイナ王女はオマーン王室の王女として育てられた。

日本の血を引くオマーン王女

現国王の叔母にあたるブサイナ・ビント・タイムール王女の母は、実は日本人である。現国王の祖父にあたるタイムール・ビン・ファイサル国王は、息子のサイード・ビン・タイムールに国王の座を譲った後、アジア各地を訪れる中で、日本で当時19歳の大山清子と知り合い、結婚式をあげて日本での永住を決意した。翌年には、娘のブサイナ・ビント・タイムール（日本名：節子）が誕生したが、2年後に清子は結核で死去。タイムール国王は家族で暮らした神戸に妻の墓を

「オマーン近代化の父」の後継者問題

1976年に従姉妹と結婚したカブース王だが、わずか3年で離婚。子どもはできなかった。その後は再婚をしておらず、直系の後継者がいない状況である。後継者の指名も行われていない。父王の時代よりは開かれた治世であるもの、国王に権力が集中していることには変わりないオマーンでは、国王が優れた指導力を持つ人物か否かが、国の行く末を大きく左右する。「オマーン近代化の父」と呼ばれるカブース王は、現在78歳。その後継者問題に注目が集まる。

香水の国

アラビアの香水はフランスの香水よりも歴史が長い。オマーンでは、1983年にカブース王の命令により「アムアージュ」という香水メーカーが誕生している。首都マスカットに建てられた工場で、伝説的製法で作られており、世界一高級な香水としても知られる。現在、経営者は王族ではないが、香水のボトルキャップは今でも「スルタン・カブース・グランド・モスク」の屋根を模している。

「アムアージュ」の香水

タイ王国
Kingdom of Thailand

- 首　　都：バンコク
- 建　　国：1782年
- 公 用 語：タイ語
- 面　　積：514,000 ㎢
- 人　　口：6,572万人
  (2015年:タイ国勢調査)
- ＧＤＰ：4,5531億ドル
  (MER) (2017年IMF統計)

タイ王国：東南アジアの中心に位置し、ミャンマー、ラオス、カンボジア、マレーシアと国境を接する。首都のバンコクの名は正式名称ではなく、地元ではクルンテープと呼ばれている。世界一長いことでも知られるその正式名称は、「クルンテープ・マハーナコーン・アモーンラッタナコーシン・マヒンタラーユッタヤー・マハーディロック・ポップ・ノッパラット・ラーチャタニーブリーロム・ウドムラーチャニウェートマハーサターン・アモーンピマーン・アワターンサティット・サッカタッティヤウィサヌカムプラシット」。クルンテープは〝天使の都〟という意味である。5月から10月頃にかけて雨季が続き、スコールに見舞われることも多い。

バンコク　ドゥシットマハープラーサート宮殿

毎日朝8時と夕方6時には街中やTV、ラジオなどで国歌が流され、その間は直立不動の姿勢を崩してはいけない。上座部仏教が広く信仰され、僧侶は非常に尊敬される存在である。女性は僧侶に直接触ることは許されておらず、バスや電車には僧侶の優先席が設けられている。代表的な農産物は米。その他にもタピオカや天然ゴム、砂糖などが挙げられる。

現在の国王

現国王名：ラーマ10世
（全名：マハー・ワチラロンコン・ボディンタラーテーパヤワランクーン）
- **生年月日**：1952年7月28日
- **　　　代**：第10代国王（チャクリー朝）
- **在　　位**：2016年10月13日〜

王室の成り立ち／変遷

✻ スコータイ王朝からアユタヤ王朝に

　タイ民族最初の王朝と伝えられるのが、13世紀に登場するスコータイ王朝。初代シー・インタラーティット王のもと、統一国家が建国された。3代目となるラムカムヘーン王は、タイ文字を発案し、スリランカから伝えられた上座部仏教を国教として制定したとされる。今日のタイ国家を形成する基盤を固めた王であり、2013年に発行された20バーツ紙幣には肖像が使用されている。

　1351年から1767年にかけて栄えたアユタヤ王朝の時代には、クメールやミャンマーとの争いが続いた一方、王家を中心として中国やインド、ヨーロッパ、日本などとも交易を行い、アユタヤは国際的な貿易都市として栄えた。

✻ チャクリー朝の成立

　現在のチャクリー朝が開かれたのは1782年。初代のラーマ1世はアユタヤ王朝の血を引くとされ、タイの古典文学であり民族叙事詩であるラーマキエンの編纂にも携わったとされる。ラーマ4世、ラーマ5世の時代には、西欧列強の支配が強まり、ミャンマーをイギリスが、カンボジアやベトナムをフランスが植民地化する中で、国の近代化を強化。西欧

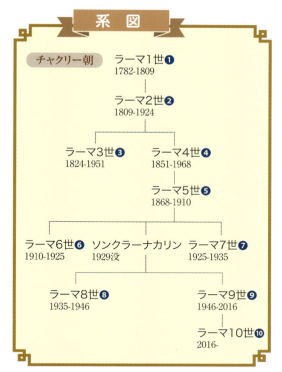

ラーマ1世

紋章の意味

　中央にある円盤状のものは、古代インドで用いられた投てき武器の一種であるチャクラム。その中央に配されているのは、トリシューラ。ヒンドゥー教の神であり、強い影響力を持つ3柱の主神の1人、シヴァ神が持つ三叉の槍として知られている。

前タイ国王ラーマ9世85歳の誕生日　宮殿前で20万人がお祝い（中央で椅子に座っているのがラーマ9世）

との緩衝地帯として、独立を守り抜いた。
　2016年10月13日に崩御したラーマ9世は第二次世界大戦終結後の1946年に即位し、在位期間は70年に及んだ。現役の国王としては世界最長を誇った。

王室の役割

＊国王として対立関係を調整

　タイは立憲君主制の国として国王は立法、行政、司法において大きな権限を持ち、憲法により「尊敬し崇拝すべき地位」として国民の頂点に立つとされている。
　1992年には軍事クーデターが起こり、スチンダー首相と民主化を望む国民が対立。軍が出動してデモ隊を鎮圧する際、300人以上の死者を出す事態となった。この時、当時の国王ラーマ9世は、対立関係にあった首相と、民主化運動指導者のチャムロン・シームアンを呼び出して調整を指示。ふたりは揃って国王の前にひれ伏し、クーデターは一夜にして沈静化した。

＊国王は敬愛の存在

　タイ国民にとって王室は敬愛の存在であるが、一方で「国王、王妃、王位継承者あるいは摂政に対して中傷する、侮辱するあるいは敵意をあらわにする者は、何人も3年から15年の禁固刑に処するものとする」と定められており、不敬罪も存在する。近年では、フェイスブック上に国王を侮辱した加工を施した写真を掲載したことで、不敬罪で逮捕される者も出ている。

ラーマ9世による「ロイヤルプロジェクト」

＊王室財政の改善策

ラーマ9世の誕生日は「父の日」とも呼ばれ、国王の"おことば"を取り扱った多数の書籍が発行されるなど、国民から絶大な信頼を集めていた。これは、国民に寄り添い、奉仕する姿勢を貫いたためだと言われている。

ラーマ9世が国王となった1950年代当時、王室の資産はほとんどなく、王室付きの職員への給料にも事欠く状態だった。そこでラーマ9世は、それまでは行われていなかった王室施設の一般公開を開始。ラーマ1世が護国寺として建て、現在では観光地としても人気のワット・プラ・ケオ（エメラルド寺院）や、ラーマ5世が別荘として建てたウィマンメーク宮殿などを開放し、その収益を職員の給料として充てたという。

＊ロイヤルプロジェクト

さらに、王室所有の土地の再開発をはじめ、株式と債券への投資も実行。タイのセメント製造企業であるサイアム・セメントや、サイアム商業銀行の主要株主はタイ王室である。

これらの収益は、国王発案で導入される「ロイヤルプロジェクト」という開発事業にも使われてきた。森林減少や貧困問題を解決するために国王自ら設立した非営利団体であり、米や野菜、フルーツ、お茶、コーヒー、シルク製品や民芸品、化粧品など様々な商品が作られている。ロイヤルプロジェクトの商品を扱うショップはタイ国内に多数あるが、それらはロイヤル資産を投じて運営されている。現在のタイ国民の王室敬愛は、ラーマ9世の手腕や努力と無縁ではない。

エメラルド寺院

ロイヤルプロジェクトの工芸品

タイ・故ラーマ9世（プミポン）前国王 火葬の日迎える

前国王ラーマ9世の生い立ち

＊18歳で即位

　祖父にあたるラーマ5世には77人の子どもがあり、その69番目の子息であるソンクラーナカリン王子を父に持つのがラーマ9世である。兄のラーマ8世の急死を受けて18歳で即位。当時はスイスのローザンヌ大学の学生だったが、休学してタイに戻り国王に即位。その後再びローザンヌ大学へ復学した。芸術への造詣も深く、また、若い頃の自動車事故で片目が不自由だったが、自らランドクルーザーを運転し、僻地への視察も積極的に行った。

　留学中に出会った従姉妹にあたる、シリキット・キティヤーコーン嬢と結婚。シキリット王妃（現王太后）は森林保護運動に力を注いでおり、地方視察にも積極的に足を運ぶ姿に国民からの人気も高い。

ラーマ9世の国葬

＊黄金色の山車で行進

　2016年10月に崩御したラーマ9世の国葬が2017年10月25日から29日の5日間にわたり行われた。タイ王宮は首都バンコクの中心部にあり、白壁で囲まれた20万㎡の敷地を有する。王宮前広場には、基部が60m四方、高さが50mという巨大な火葬施設が建設され、黄金色の装飾が施された。王宮から前国王の棺が火葬施設に運ばれ、棺が安置された黄金の山車が1時間以上かけてゆっくりと葬送行進を行った。火葬後は長男であるラーマ10世がお骨拾いの儀を執り行い、遺骨と遺灰は王宮内の寺院と宮殿に収められた。

タイ王室の王位継承

＊国王の指名で王位継承

　タイの王室典範では、次の国王は現国王が王族男子の中から指名するとされている。指名しないままで現国王が崩御した場合、国王のみが人事権を持つ枢密院が、次期国王を指名。その後、国会の承認を得ることになっている。ラーマ9世には3人の娘と1人の息子がおり、長男のワチラーロンコーンがラーマ10世となった。

＊人気のあったシリントーン王女

王女の王位継承は男子がいない場合にのみ可能であり、ラーマ9世も王女への王位継承について言及ししていない。1977年に次女のシリントーン王女に、当時の皇太子に続き同等の欽賜名を授与されている。王女が非常に聡明であり、国民の人気が高く、王女への王位継承を望む声もあった。

ラーマ10世の戴冠式

2019年5月4日から6日にかけて、ラーマ10世の戴冠式が執り行われた。前国王の死去に伴い、2016年12月に新国王として即位したが、服喪期間などのため戴冠式は行われていなかった。

ラーマ10世は、5月4日に清めの水を浴びる儀式の後、黄金製でダイヤモンドなどが散りばめられた、高さ66㎝、重さ7.3kgの王冠をのせる儀式に臨んだ。これに加え、ラーマ1世が護身用として使用した短剣、エナメルを塗った金にダイヤモンドで装飾されたスリッパ、ラーマ6世時代から伝わる扇子と払子、ラーマ1世時代に作られた杖という「五種の神器」が受け継がれた。

5日には、黄金色の輿に乗った新国王が王宮周辺でパレードを行い、6日には、船首に神話の白鳥が彫刻された御座船に乗り込み、チャオプラヤ川を4km航行する水上パレードを行った。

黄金色の輿でパレードするラーマ10世

王冠の儀式

ミュージカルのモデルとなったタイ国王の有名人

アメリカのミュージカル映画であり、日本の俳優である渡辺謙もブロードウェイで演じた「王様と私」。原作はマーガレット・ランドンの小説『アンナとシャム王』であり、1860年代初頭に、ラーマ4世の子どもたちの教師となったアナ・リオノウンズの回顧録がもととなっている。西欧との関係を重視しながら国の独立を守り抜き、天文学にも秀で、国の近代化に尽力した王として伝えられている。

「王様と私」(1956) ユル・ブリンナー（右）とデボラ・カー

オランダ王国
Kingdom of the Netherlands

- 首　都：アムステルダム
- 建　国：1815年
- 公用語：オランダ語
- 面　積：41,864km²
- 人　口：1718万4000人
  （2017年12月　オランダ中央統計局）
- ＧＤＰ：9129億ドル
  （MER）（2018年）

オランダ王国：ライン川下流の低湿地帯に位置する。高緯度にあるが、北大西洋海流の影響を受けて温暖な気候である。曇天が多く、1年を通して毎月50～80mmの降水がある。北海からの強風を利用し、海上に大規模な風力発電施設が建設されている。主要な産業は卸売・小売業、食品・飲料加工、化学・医薬品などの製造業。天然ガスの生産地であり、輸出国でもある。農業は産業全体を占める割合としては小さいが、チューリップやチーズなどの乳製品は有名である。自転車大国でもあり、首都アムステルダムでは1人当たり1台以上の自転車保有が当たり前となっている。ほとんどの道路に自転車専用レーンが整備されているのも特徴のひとつだ。12月にはクリスマスが2回あり、25日だけでなく、東ローマ帝国の司教「聖ニコラス」の命日にパレードを行うシンタクラース祭りが6日に行われている。

北ホラント

現在の国王

- 現国王名：ウィレム・アレクサンダー
  （全名：ウィレム・アレクサンダー・クラウス・ヘオルフ・フェルディナント）
- 生年月日：1967年4月27日
- 代：第7代国王（オラニエ・ナッサウ朝）
- 在位：2013年4月30日～

王室の成り立ち／変遷

＊オラニエ公ウィレム1世の登場

　現在のオランダ、ベルギー、ルクセンブルクを合わせたネーデルラント（低地の国）は、かつて神聖ローマ帝国の領域の一部だった。皇帝でありスペイン王でもあったカール5世の息子、フェリペ2世は、16世紀頃からネーデルラントにおいてカトリック強制策や課税強化などの強硬策に打って出た。これに反旗を翻したのが、14世紀頃からネーデルラントに領土を拡大していた、ドイツのライン川沿岸地域を発祥とするオラニエ＝ナッサウ家の創始者・オラニエ公ウィレム1世。フェリペ2世に対して反乱を起こし、ネーデルラント連邦共和国を打ち立てた。

＊オランダの独立へ

　その後もネーデルラント諸州がスペインに対して反乱を起こした戦争の時代が続き、1648年にようやくオランダ連邦共和国として独立が認められた。再びフランスなどによる併合の時代を経て、オランダ立憲王国となることがウィーン条約により認められ、ウィレム5世の息子であるウィレム6世が、1815年に初

オラニエ公ウィレム1世

紋章の意味

　黄金の破片が散りばめられた青地の盾に、赤色の爪と舌を持ち王室由来の王冠を戴いた黄金のライオンが描かれている。ライオンは権力を象徴する剣と、国の州を表す弓を持っている。盾を支えるのも、中央に描かれたものと同じく赤い爪と舌を持つライオンだが、王冠はない。

【プリンシェスダッハ（王子の日）】国王のパレードと国家予算発表の日　金の馬車でデン・ハーグの街をパレードした後、国会が行われるリデルザールに入り、上下院の議員たちが集まる騎士の間で、ウィレム・アレクサンダー国王が国会開会のスピーチを行う。その後、財務大臣がその年度の予算を発表する。パレードや騎士の間での様子はテレビ、ラジオ、そしてインターネットで中継される。その後、国王の執務宮殿であるノールドアインデ宮殿にもどり、国王を一目見ようと待っている人たちへ、バルコニーからお目見え。

代オランダ国王ウィレム1世となって即位した。

王室の役割

＊国会開会の日には国王がパレード？

立憲君主制のオランダでは、国王は外交が主な役割である。また、行政に対する大きな権限は持っていないものの、関わりは深い。

毎年9月の第3火曜日に行われる「プリンシェスダッハ」は、国会開会宣言と来年度政府予算案の発表が行われる。この日、ウィレム・アレクサンダー国王は、旗手や騎兵、名誉護衛など多くの従者を伴った黄金の馬車に乗り、オランダの首都機能を持つデン・ハーグ（憲法上の首都はアムステルダム）の街中をパレードする。そして、国会議事堂として機能している騎士の館（リデルザール）に向かい、玉座から議会開会を述べた後、国王の執務宮殿であるノールドアインデ宮殿に戻り、バルコニーから手を振る。この日、デン・ハーグの学校は休みとなり、国王を一目見ようと多くの市民が集まる。

オランダのロイヤルファミリーは、親しみやすく国民から愛されていることでも知られ、とくに国王は自身の50歳の誕生日に同じ誕生日の国民150名を招いて晩餐会を開くなど、ユニークなエピソードに事欠かない。

オランダの王位継承

＊3代続いた女王の時代

1849年から1890年まで在位したウィレム3世から現国王までの間、オランダでは3人の女王と1人の女性摂政による治世が続いた。ウィレム3世には3人の息子がいたが、いずれも若くして亡くなっている。その後、妻であるソフィー王妃も亡くしたが、新たな妃としてエンマ王妃を迎え、ひとり娘の

オランダ国王一家　後列左からマキシマ王妃，ウィレム・アレクサンダー 国王，前列左からアレクシア王女，アリアーネ王女，アマリア女公

ウィルヘルミナ王女を授かった。王女が10歳のときにウィレム3世は亡くなり、エンマ王妃が王太后として摂政を務める時代が続いた。ウィルヘルミナ王女が18歳になると、王太后は摂政を退き、ウィルヘルミナ女王の治世となった。58年にわたり在位した間、女王は死産と流産を繰り返し、唯一の子どもであったユリアナ王女が次の王位を継承した。ユリアナ女王は4人の子どもに恵まれたが、いずれも女子であり、長女のベアトリクスが王位を継承した。前国王であるベアトリクス女王は3人の息子を出産し、長男のウィレム・アレクサンダーがオランダでは100年ぶりの男性の国王となった。

国王の生い立ち

＊国王は元パイロット

イギリス・ウェールズのアトラン

ベアトリクス王女（前国王）

ティック・カレッジを卒業後、オランダのライデン大学で史学の学位を取得したウィレム・アレクサンダー国王。見聞を広げるために一般企業に就職した経歴も持つ。飛行機愛好家としても知られ、アフリカ医療研究教育基金やケニア自然保護局で操縦士として務めたこともある。さらに、KLMオランダ航空の子会社の路線で、国民に知らせないまま副操縦士として勤務し、機内放送を行っていたこともあるという。

ヨーロッパでは珍しい聖職者のいない即位式

2013年、ベアトリクス女王の退位に伴い、ウィレム・アレクサンダー国王の即位式が行われた。新国王の即位宣言を受け、上下両院合同総会の議長により"神の名において忠誠を誓うか"と確認。新国王は燕尾服に勲章とローブを着用し、右手を挙げて即位の宣誓を行った。儀式はアムステルダム新教会で行われたが、聖職者は関与せず、王冠を授けられるなどの儀礼も行われなかった。一方で、教会近くの広場には、市民約2万人が詰めかけ、王室のシンボルカラーであるオレンジ色の王冠を模した被り物をつけたり、オレンジ色の衣装を身にまとうなど思い思いのスタイルで、巨大スクリーンで中継された式典を見守った。

ウィレム・アレクサンダー国王の即位式（2013年4月30日　アムステルダム新教会）　日本ともつながりが深いオランダ国王の即位式には、天皇皇后両陛下（当時皇太子ご夫妻）がご臨席された。

国王の住まい

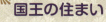

「ハウステンボス宮殿」

国王とその家族の住まいは、デン・ハーグにあるハウステンボス宮殿である。1645年から建設が始まり、1815年、オランダ王国が誕生すると初代国王ウィレム1世は国王の公邸として使用した。一般公開はされていないが、外観を眺めることは可能。長崎県のテーマパーク「ハウステンボス」には、宮殿外観を忠実に再現した建物がある。

ハウステンボス宮殿

デン・ハーグにある国王の執務宮殿　ノールドアインデ宮殿

オランダの次期国王は女王

オランダの王位はウィレム1世の嫡

出の子孫に、男女の区別なく年長者優先で継承されることが、憲法により定められている。女王の治世が続いたオランダだが、実は1983年まで、男子優先の原則が定められていた。しかし憲法改正が行われ、継承権は男女平等となった。現在の王位継承第1位は、ウィレム＝アレクサンダー国王の第一子である、15歳のカタリナ・アマリア・ファン・オラニエ・ナッサウ王女である。

アマリア 王女

王室のシンボルカラーはなぜオレンジ？

オランダの国旗の色は赤白青。王室のシンボルカラーがオレンジ色なのが不思議に感じるが、建国の父であるオラニエ公ウィレム1世の名にあるオラニエは、英語で言うところオレンジ。ここからオレンジ色が王室のシンボルカラーとして定着していった。

2018年4月27日、アムステルダムで開催されるキングスデー（国王の日）には通りや運河がオランダ王室の色であるオレンジ色に染まる。

系 図

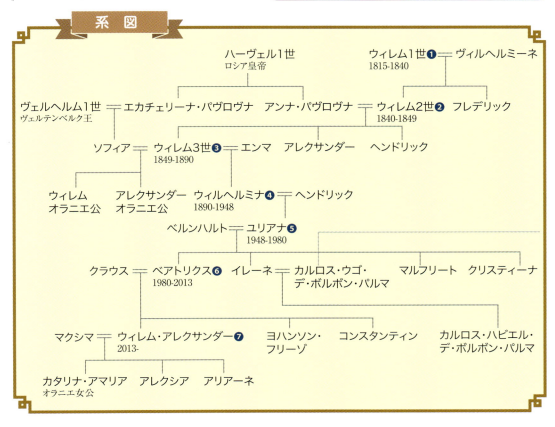

ベルギー王国
Nederland

首　　都：ブリュッセル
建　　国：1831年
公 用 語：オランダ語、フランス語、ドイツ語
面　　積：3万0528km²
人　　口：1132万人
　　　　　（2017年　世界銀行）
ＧＤＰ：4701億ドル
（MER）　（2016年IMF）

　ベルギー王国：西ヨーロッパに位置し、気候は西岸海洋性気候に分類され、1年を通して過ごしやすい。平野部は北海に面しており、小川と運河による水路が発達している。国土の中央部には肥沃な台地が広がり、主な農産物は、てん菜、ジャガイモ、小麦など。農業人口は3％程度と低いが、食糧自給率は70％に達し、農産物の輸出も盛んに行われている。

ベルギー　ブリュッセル　グラン・プラス（大広場）

　日本人にとってはベルギーワッフルやチョコレートなどの菓子の産地というイメージが強いが、鉄鋼や機械、石油化学など重化学工業も発達している。また、ダイヤモンド加工などの伝統産業も盛ん。首都であるブリュッセルはEU（ヨーロッパ連合）の主要機関が集まる国際都市でもある。

現在の国王

現国王名：フィリップ
　　　　（全名：フィリップ・レオポルド・ルイ・マリー）
生年月日：1960年4月15日
　　　代：第7代国王
　　在位：2013年7月21日～

王室の成り立ち／変遷

＊ベルギー王国の独立

1800年代初頭、神聖ローマ帝国のフェリペ2世に反旗を翻し、オランダ、ベルギー、ルクセンブルクの一帯にネーデルラント連邦共和国を打ち立てたたオラニエ公ウィレム1世。しかし、フランスと国境を接していたネーデルラント南部のベルギーでは、ウィレム1世の専制的な振る舞いに不満の声が高まっていた。そして1830年、フランスでルイ18世に対する市民革命（7月革命）が勃発したことが引き金となり、ベルギーでもオランダからの独立を求める動乱が起こった。1831年、イギリスやフランスの提案を受け入れる形でベルギーの独立が認められ、ベルギーは立憲君主国となった。

＊レオポルド1世が国王に

新国家の初代国王には、ロシアやイギリス、ポルトガル王家の共通の祖であるドイツのザクセン・コーブルク・ザールフェルト公の四男、レオポルド・ジョルジュ・クリスチャン・フレデリックが推戴され、ベルギー国王レオポルド1世となった。イギリスのエリザベス2世の高祖母にあたるヴィクトリア女王は、レオポルド1世の姪である。

レオポルド1世　ベルギー初代国王

＊国家分断の危機

第二次世界大戦中の国王だったレオポルド3世は、ナチスの捕虜となっており、ナチスに降伏したことで裏切り者と批判された。戦後は復位の意思を表明したものの、国民投票では僅差で復帰を支持するという結果となったが、国王支持派と反国王派が国を分断する騒動となってしまった。国家の危機を避けるべく、レオポルド3世は当時20歳だった長男のボードゥアン1世に国王の地位を譲った。

紋章の意味

2頭のライオンが左右で国旗を掲げ、その中央には赤い舌と爪のライオンが描かれた盾。下部の帯には「団結は力なり」を意味する言葉が、フランス語もしくはオランダ語で記される。上部の王冠の背後には、ベルギーの9つの州の旗が並ぶ。ただし、現在では10州に増えている。

国王ご一家　左からエレオノール王女、エリザベート王女、マチルド王妃、フィリップ国王、エマニュエル王子、ガブリエル王子

王室の役割

＊国民的立憲君主制とは

　ベルギー国王は立法権を連邦議会とともに行使し、行政執行権を憲法に基づいて行使する。国民主権を原理としながら立法権は国王と上下両院が共同してこれを行い、行政権は国王に属し、国王の任免する大臣の補佐と副署（ふくしょ）を得て国王が行使するという「国民的立憲君主制」というあまり例のない君主制を取っている。

＊国王がクビ？

　憲法改正も行われ、首相任命も下院によって行われるなど国王の権限縮小が進んでいる。1990年、ベルギーで人工妊娠中絶を認める法案が可決されようとしていた際、当時の国王ボードゥアン1世は個人的な信仰・信条を理由に署名を拒否した。そのため、内閣は、国王の統治が不能になったとして一時的に王位を"クビ"にした。およそ2日間の空位後、法案の可決をもってボードゥアン1世は復位している。

国王の生い立ち

　フィリップ国王はイギリスのオックスフォード大学やアメリカのスタンフォード大学大学院で学んだ。帰国後は空挺部隊などに所属した後、ベルギー陸・海・空3軍の少将となっている。フィリップ国王の父、前国王のアルベール2世は、ボードゥアン1世の弟である。ボードゥアン1世には子どもがいなかったので、アルベール2世の息子であるフィリップを幼い頃から外遊に連れて行くなどし

前々国王ボードゥアン1世夫妻　昭和天皇の大喪の礼に参席された（1990年11月12日）

て帝王教育を行っていた。しかし、ボードゥアン1世は62歳で急逝し、王位はまだ独身であったフィリップ王子ではなく、国王の弟のアルベール2世が王位を継承した。

話す言葉で人気が変わる!?

＊自国語を話せない王妃

　実は、アルベール2世は国民の人気があまり高くなかった。その理由のひとつが、若い頃にスキャンダルを度々起こしたこと。そしてもうひとつが、妻であるパオラ王妃がフラマン語（オランダ語）をあまり話さなかったからだという。ベルギーにはその歴史と立地から、言語戦争と呼ばれる根深い問題がある。ベルギー独立の19世紀当時、指導者層がフランス語を使っていたことから、公用語はフランス語とされてきた。しかし、20世紀以降はフラマン語の地位向上が図られ、首都ブリュッセルを緩衝地域として公用語がフランス語とオランダ語に分けられた。これにより、国が2つに分断され、対立が起こってしまった。そして、パオラ王妃はフランス語はもとより英語やイタリア語、ドイツ語も流暢に

前国王アルベール2世夫妻

話すのに、フラマン語をほとんど話さないとして、国民から非難された。

＊言葉や歴史で人気が分かれる

　アルベール2世時代、次の国王にはフィリップ王子より、聡明な姉のアストリッド王女が適任という世論が強まっていた。しかし、アストリッド王女はオーストリアのハプスブルク家のロレンツ大公と結婚。ベルギーはハプスブルク家領とされていた時代があり、その流れを汲む夫を持つ女王はベルギー国民にとって受け入れがたいとされ、女王を望む国民の声は消えて行った。

　この頃、フィリップ王子が結婚。お相手は、フラマン語を公用語とするフランデレン地域にルーツを持つデュデケム・ダコ家のマチルド嬢だった。流暢なオランダ語を話すその姿に国民の支持が集まり、国王と王妃になってからは夫婦共々人気が高まっている。

国王の住まい

＊ラーケン王宮

　国王の住まいであるラーケン王宮は、首都ブリュッセル北部のラーケン地区にある。1784年にオーストリア総督の居城として建てられたもので、独立後から1930年代までは国王の夏の離宮として使用された。門前からは華麗な宮殿の外観が見えるが、内部は非公開。ただし、同じエリアにある温室は、毎年春に3週間ほど公開される。ガラスと鉄骨が贅沢に使われたアールヌーヴォー建築で、別名「ガラスの宮殿」と呼ばれている。

＊ブリュッセル王宮

　ブリュッセルの中心部にあるベルギー王宮は、国賓を迎えた際の迎賓館として利用されている。18世紀にウィレム1世治世下で建築されたが、独立を果たしたのちレオポルト2世が内外装ともに全面改築したという。夏季には一般公開され、絢爛豪華な宮殿内を見学できる。

迎賓館としてのブリュッセル王宮

ラーケン王宮　ガラスの宮殿ともよばれる

次の国王はエリザベート王女

1831年に制定されたベルギー憲法では、王位継承は長子の男子から男子へと定められ、女子及びその子孫による継承は排除されると規定されていた。しかし1991年の憲法改正で、男系男子限定の原則が改められ、男女に関わらず長子相続となった。フィリップ国王には2男2女がおり、長子であり王位継承順第1位は現在17歳（2019年）のエリザベート王女である。

エリザベート王女

上皇上皇后両陛下も参列したボードゥアン1世の葬儀

日本の皇室とベルギー王室は以前から深い友好関係にあり、昭和天皇の大喪の礼にはボードゥアン1世が王妃を伴って参列している。そしてボードゥアン1世の葬儀には、上皇上皇后両陛下が参列した。1993年8月7日の葬儀に先立ち、国王の遺体は数日間ベルギー王宮に安置され、葬儀当日は礼拝が営まれるサンミシェル大聖堂まで棺を移送する葬列が組まれた。棺のすぐ後ろには親族をはじめ、弔問に訪れた世界各国の貴顕が並び、厳かに行進した。ベルギー国鉄は地方から弔問に訪れる国民のために、往復切符を距離制限なしで一律100ベルギーフラン（日本円で約300円）で提供した。

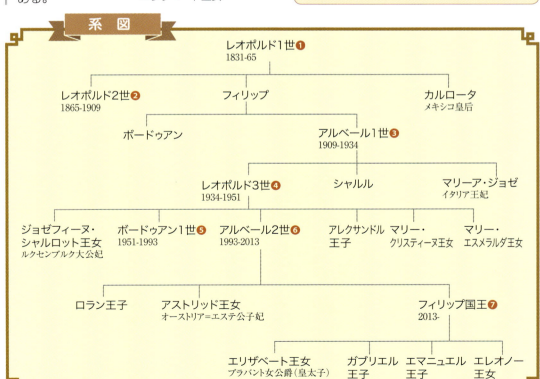

ルクセンブルク大公国
Grand Duchy of Luxembourg

首　都：ルクセンブルク
建　国：1839年
公用語：ルクセンブルク語，フランス語，ドイツ語
面　積：2586k㎡
人　口：60万2005人
　　　　（2018年1月1日，ルクセンブルク統計局）
ＧＤＰ：689億ドル
（MER）　（2018年）

ルクセンブルグ大公国：北と西をベルギー、東をドイツ、南をフランスに囲まれた西ヨーロッパの国。冬はマイナス1度まで下がることもあるが、夏は30度に達することはなく過ごしやすい。主な産業は金融業と鉄鋼業。ユーロ圏で富裕層を対象に資産管理を行うプライベート・バンキングの中心地でもある。道路や空路などの交通網が整備されており、多言語を習得している国民が多く英語やフランス語、ドイツ語などヨーロッパの主要言語がすべて通じると言われることから、良好なビジネス環境としても注目される。首都の旧市街は世界遺産にも登録されており、ノートルダム大聖堂を中心に観光地として人気が高い。

ルクセンブルク市の左側にある州貯蓄銀行とアドルフ橋

現在の国王

現国王名：アンリ大公
（全名：アンリ・アルベール・ガブリエル・フェリックス・マリー・ギヨーム）
生年月日：1955年4月16日
　　　代：第9代大公
在　位：2000年10月7日〜

系図

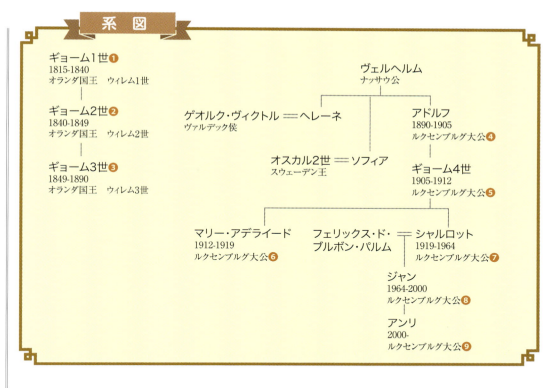

王室の成り立ち／変遷

＊ルクセンブルグのはじまり

　フランス貴族の流れを汲むアルデンヌ家のジークフリート伯爵が、現在の首都であるルクセンブルクの一帯に城を築いたことに始まる。1354年、ヴェンツェル1世の治世でルクセンブルク公国に昇格。その後は、ハプスブルク家やフランスの支配を受け、19世紀までにオランダ国王であるウィレム1世（ギョーム1世）が大公を兼ねるルクセンブルク大公国となった。

ウィレム1世（ギョーム1世）

紋章の意味

　初期のルクセンブルク家の継承者たちが好んだ白と青の横帯が並んだ下地に、王冠を戴き爪を立てた二本尾の赤いライオンが描かれている。盾を支えるのも黄金のライオンで、権力や王を表している。盾の下部には騎士団勲章がつけられている。周囲を囲むローブにも王冠を戴く。

アンリ大公ご一家　左からルイ王子、クレア妃、フェリック王子、マリア大公妃、アンリ大公、ステファニー皇太子妃、ギョーム皇太子、アレクサンドラ王女、セバスチャン王子

＊ルクセンブルグ・ナッサウ家

　1890年、オランダでウィルヘルミナ女王が即位しエンマ王太后が摂政を務めることになると（→ p.64）、ルクセンブルクでは男系相続しか認めないことを理由に、オランダ王家の遠縁からナッサウ家のアドルフ・ヴィルヘルム・アウグスト・カール・フリードリヒをルクセンブルク大公として迎え、独自の君主を持つこととなった。ただし、アドルフ大公の息子である次の大公ギヨーム（ウィレム）4世には、6人の娘が生まれたものの男子は授からなかった。そのため、長女のマリー＝アデライドが次のルクセンブルク大公に、さらに次女のシャルロットがその次の大公に即位している。

　シャルロット大公の時代はナチスから侵攻を受けたが、亡命先から徹底抗戦を国民に呼びかけ、祖国の解放に尽力した。ルクセンブルク市にあるのクレール・

シャルロット大公像（クレール・フォンテーヌ広場、ルクセンブルク市）

ルクセンブルク議会の建物

フォンテーヌ広場には、シャルロット大公の銅像が建てられている。現在のアンリ大公の祖母である。

ルクセンブルク大公のロイヤルウェディング アンリ大公、マリア・テレサ大公妃

王室の役割

＊行政権を持つ国王

ルクセンブルグにおいて大公は、儀礼的な職務のみでなく、内閣とともに行政権を執行する職能を与えられている。

立憲君主制の国であるルクセンブルグの憲法には、「主権は国民に属し、大公は憲法及びその他の国法に基づいて主権を行使する」と定められている。ベネルクス三国であるベルギーやオランダの国王と比較しても、より大きな権限を持っている。

議会は一院制で、議席数60の議員が直接選挙で選出されている。議会に対して助言をする国務院の21名は、首相の推薦に基づき大公が任命する。

国王の生い立ち

アンリ大公はイギリスのサンドハースト陸軍士官学校を卒業後、ジュネーブ大学で経営学を専攻した。ルクセンブルク語だけでなく、英語、ドイツ語、フランス語にも堪能で、皇太子時代にはルクセンブルク経済開発委員会の総裁としても活躍した。現在も国際オリンピック委員会の委員を務めている。ジュネーブ大学在学中、キューバ出身のマリア・テレサ・メストレ嬢と結婚。マリア大公妃も語学が堪能で、ユネスコ親善大使も務めている。4男1女の母である。

王位の継承

＊継承権は直系男子優先

　大公の位はナッサウ家の直系子孫の男子優先、年長者優先で継承されることが定められている。第7代のシャルロット大公は2男4女をもうけ、第1子であり長男であるジャンに大公位を譲っている。ジャン大公は、第4代ベルギー国王であるレオポルド3世の長女ジョゼフィーヌ・シャルロット王女と結婚。3男2女をもうけているが、第1子の長女ではなく、第2子で長男である現大公アンリに大公位を譲った。現在の王位継承順第1位の皇太子は、アンリ大公の長男で第1子のギヨーム・ド・リュクサンブールである。

＊ギヨーム皇太子

　ギヨーム皇太子は父大公同様、イギリスのサンドハースト陸軍士官学校を卒業した。そののち、イギリスやスイス、フランスで国際政治を学び、ベルギーの製薬会社やドイツ銀行で経験を積んだ。ルクセンブルク経済開発委員会の名誉委員長も務め、ルクセンブルク経済発展へ寄与するため、ロシアやカナダ、アメリカとの経済交流の陣頭に立っている。経済使節団長として日本も訪問している。2012年にベルギー貴族出身のステファニー・ド・ラノワ伯爵令嬢と結婚している。

スキャンダル続きの大公家

　アンリ大公の母はベルギー国王の娘であったが、アンリ大公の妻であるマリア

ルクセンブルク皇太子、民事婚のセレモニー　ギヨーム皇太子とステファニー妃

左から　アレクサンドラ王女、フェリックス王子、ギヨーム皇太子、ルイ王子．

王妃は"平民"の出身であったため、家柄を理由に結婚を反対され、結婚後も嫁姑の間柄はギクシャクしていたとされている。マリア王妃自身が、マスコミで不仲を語ったこともあったという。

　時は流れ、アンリ大公とマリア王妃の三男であるルイ・ド・リュクサンブールが、ルクセンブルク陸軍に勤務する1歳年上の女性と結婚前に子どもをもうけてしまうという事態が起きた。ルイはまだ

19歳だったこともあり、国内で大きな問題となったが、大公夫妻はルイをバックアップし、正式に結婚させている。

ルイとその子孫はルクセンブルク大公位の継承権を放棄する取り決めもなされたものの、のちにルイの子どもにはナッサウ公子の称号を与えている。ただし、ルイはすでに離婚をしている。

憲法に定められた住まい

スペイン・ルネサンスの影響を受けた大公宮殿は、大公の住まい兼執務場所、迎賓館としても使われている。ここはギヨーム2世広場に面しており、広場にあるルクセンブルク大公ギヨーム2世＝オランダ国王ウィレム2世の騎馬像が王宮の方角を向いている。

ベルク城とルクセンブルク旧市街の大公宮殿は、大公ご一家の住まいとルクセンブルク国憲法44条に明記されている。

石造りの建築が美しい 大公の執務宮

大公の執務室として使われているのが、旧市街に建つ大公宮。16世紀に建てられた石造りの宮殿で、建築当初は市庁舎だったが、1890年から大公宮となっている。第二次世界大戦時に城のあちこちが損壊してしまったが、シャルロット大公の時代に修復が行われ、現在ではルクセンブルクの一大観光地にもなっている。

ルクセンブルク大公宮殿

ベルク城

ギヨーム皇太子とステファニー王女のルクセンブルク大公爵宮殿での結婚のお祝いディナー（2012年10月19日）

トンガ王国
Kingdom of Tonga

- 首　都：ヌクアロファ
- 建　国：1845年
- 公用語：トンガ語、英語
- 面　積：720㎢
- 人　口：10.8万人（2017年, 世界銀行）
- ＧＤＰ（MER）：4.28億ドル（2017年, 世界銀行）

トンガ王国：オーストラリアの東側、日付変更線のすぐ西に位置する。南太平洋に浮かぶ約170の島群からなる国。首都のあるトンガタプ島が最大の島で、国土の約2分の1を占める。国中が熱帯雨林気候に属するものの、5月から11月にかけては南東貿易風の影響を受け、涼しく過ごしやすい。主な産業は農水産業で、カボチャやココナッツ、マグロなどを輸出している。長身でがっしりとした体型のポリネシアン人が多い。ラグビーが盛んなことでも知られ、ワールドカップの常連。日本で活躍するトンガ出身者の選手も多い。観光産業にも力を入れており、ヴァヴァウ諸島近海でザトウクジラと泳ぐホエールスイムや、紀元1200年頃に作られたと伝えられるトンガタプ島の古代ポリネシアのハアモンガ・ア・マウイ遺跡などが有名だ。

トンガタプ島のビーチ

- **現国王名**：トゥポウ6世
- **生年月日**：1959年7月12日
- **　　　代**：第6代国王
- **　在位**：2012年3月18日～

現在の国王

王室の成り立ち／変遷

＊トンガ王国の成立

　無文字文化であったトンガは、口伝伝承で遡ることのできる10世紀以前の歴史は不明である。記録に残る最古のトンガ王は、10世紀頃のアホエアトゥ王と伝えられている。トンガに初めてヨーロッパの船が接近したのは1616年。2人のオランダ人航海者がニウアス諸島を発見したことが記録されている。1800年頃までは各諸島に王朝があったが、内戦時代に突入すると、トンガタプ島の第18代トゥイ・カノクポルの又甥とされるタウファアハウがキリスト教の洗礼を受け、イギリス国王の名前にちなんでジョージ・トゥポウと改名。1845年他の王朝を廃止して初めてのトンガ統一王となり、1875年にジョージ・トゥポウ1世として立憲君主制をスタートさせた。

＊サローテ女王の即位と今

　第2代国王となったジョージ・トゥポウ2世だが44歳の若さで死去。

系図

ジョージ・トゥポウ1世 ❶
1875-1893
｜
ジョージ・トゥポウ2世 ❷
1893-1918
｜
サローテ・トゥポウ3世 ❸
1918-1965
｜
タウファアハウ・トゥポウ4世 ❹
1965-2006
｜
ジョージ・トゥポウ5世 ❺　　トゥポウ6世 ❻
2006-2012　　　　　　　　2012-
　　　　　　　　　　　　　ウルカラピエロブ女王

ジョージ・トゥポウ1世（右）

紋章の意味

　中央の盾には、キリストの聖なる血とキリストの十字架を表した国旗をデザインした旗が飾られている。盾は4つに分割されており、右上に描かれた王冠はトンガ王政のシンボル。左上の3つの六芒星はトンガの中でも大きな行政区画であるヴァヴァウとハアパイ、そしてトンガタを象徴している。右下にあるのは、ツイ・トンガ、ツイ・ハアタカラウア、ツイ・カノクポウルという、かつてトンガを治めてきた3つの王家を表す3本の剣。左下には平和とキリスト教のシンボルであるオリーブの枝を咥えた白い鳩が描かれている。盾の上部に戴く王冠は、盾の右上の王冠と同じ王政のシンボル。盾の下部にある帯には、トンガ語で「Ko e Otua mo Tonga ko hoku tofi'a」（神とトンガは私の遺産）と綴られている。

その後は、ジョージ・トゥポウ2世の娘であるサローテ・トゥポウ3世が若干18歳で女王となった。1965年のサーロテ女王の崩御により、その長男シャオシ・タウファアハウ・トゥポウラヒがタウファアハウ・トゥポウ4世として王位についた。その後、女王の長男であるタウファアハウ・トゥポウ4世、トゥポウ4世の長男であるジョージ・トゥポウ5世へと王位が継承されたが、トゥポウ5世に結婚歴はなく、嫡出子がいなかったため、トゥポウ4世の三男でトゥポウ5世の弟であるトゥポウ6世が王位を継承している。

サローテ・トゥポウ3世

王室の役割

これまでのトンガ王国は、立憲君主制で一院制の立法議会があるものの、元首である国王に多くの権限が集まっていた。しかし、トゥポウ5世と6世の時代で民主化が進んだ。2010年までは首相及び閣僚はすべて国王が指名していたが、選挙制度改革によって現在は議員選挙によって首相が選ばれている。閣僚も首相の指名制である。

国王の住まい

トンガプタ島にある首都のヌクアロファには、王族の住む王宮がある。1867年に完成し、まるで絵本の中から抜け出してきたかのような白い壁と赤い屋根の可愛らしい王宮が、広い芝生の庭に建っている。王宮から5分ほどの位置にある公園のような一角は王家の墓地。中央にはジョージ・トゥポウ1世やサーロテ女王など、歴代の王の墓碑が建つ。トンガはキリスト教国であり、王宮の後方には国王が通う教会もある。いずれも一般の立ち入りは禁止されているが、外から眺めることは可能だ。

トンガ王宮

トゥポウ6世の戴冠式

タウファアハウ・トゥポウ4世
親日家で知られる

教会で行われるトンガの戴冠式

　王宮のほど近くに建つフリーウェズリアン・センテナリー教会では、国王の戴冠式が執り行われてきた。黒と白のマントを身にまとった新国王は、黄金の装飾が施された高さ2.5mの王座に座り、聖職者から聖杖と王冠が授けられると、教会の鐘と祝砲が町中に響き渡り、国民に知らせる。戴冠式の当日まで、町中が華やかな装飾と新国王の写真で飾られ、国中がお祝いムードに包まれる。学校も短縮授業となり、ダンスやブラスバンド演奏、パレードなどが行われる。また、戴冠式に合わせて紙幣も新設される。

体もビッグな親日家のトゥポウ4世

　現国王の父にあたるトゥポウ4世は、「世界一重い君主」としてギネスブックに登録されたこともある人物。その体格は、体重209・5kgと超重量級。そして、親日家としても知られていた。トンガの小学校の国語の教科書には日本の昔話である「かちかち山」が採用されたり、算数の授業ではそろばんも教えられていた。また、大の相撲好きでもあり、トンガ出身の力士を日本の相撲部屋に入門させたり、自身が来日した際には相撲部屋を見学してちゃんこ鍋も食べて帰られたという。

国民に愛されたサローテ女王

　実はトゥポウ4世の母であるサローテ女王も体が大きく、身長が191cmあったという。47年間にわたって国と国民のために尽くし、海を渡り外交に力を入れた最初の国王でもある。1953年には、エリザベス女王の戴冠式に出席。各国王族が馬車でバッキンガム宮殿へ移動中、突然の大雨に見舞われたが、従者が屋根を取り付けようとする中、サローテ女王はずぶぬれになりながら笑顔を絶やさずロンドン市民に手を振り続けた。

　文筆活動や舞踊音楽の作詞にも熱心で、女王が遺した歌は今でも国民に愛されている。

モナコ公国
Principality of Monaco

- 首　　都：モナコ
- 建　　国：1297 年
- 公 用 語：フランス語
- 面　　積：2.02㎢
- 人　　口：3 万 8400 人
  (2015年、モナコ統計局)
- Ｇ Ｄ Ｐ：51 億 4270 万ユーロ
  (MER)　(2014年、モナコ統計局)

モナコ公国：フランスの地中海沿岸地方、イタリアとの国境近くに位置する都市国家。世界で 2 番目に小さな国であり、国連加盟国では世界最小。日本の東京ディズニーランドと東京ディズニーシーをあわせたぐらいの面積である。主要産業は観光業と金融業。とくにカジノが有名。モナコグランプリやラリー・モンテカルロなどモータースポーツの世界選手権大会が開催されることでも知られる。世界のセレブが集まる高級リゾート地としても有名で、とくにモンテカルロ地区には 5 つ星ホテルやレストラン、世界の一流ブランドが立ち並ぶ。年間を通して晴天の日が多い。もっとも暑い 8 月でも最高気温は 28 度程度。冬季の最低気温も 6 度程度で過ごしやすい。

モンテカルロ

現在の国王

現国王名：アルベール 2 世
　　　　　（全名：アルベール・アレクサンドル・ルイ・ピエール・グリマルディ）
生年月日：1958 年 3 月 14 日
　　　代：第 34 代大公
　　在位：2005 年 4 月 6 日〜

系図

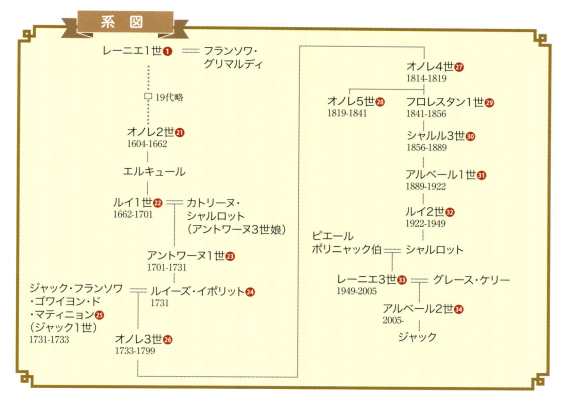

王室の成り立ち／変遷

＊モナコ公国の始まり

13世紀初頭、神聖ローマ帝国皇帝ハインリヒ6世によって、現在のイタリアの都市ジェノヴァを中心に栄えていたジェノヴァ共和国に加えられていたモナコ。しかし1297年、神聖ローマ皇帝ではなくローマ教皇を支持していたジェノヴァ出身の貴族フランソワ・グリマルディが皇帝派の要塞を占拠し、これが現在のモナコ公国の始まりとされている。

＊グリマルディ家が元首に

フランソワ・グリマルディはわずか数年でジェノヴァ軍によりモナコを追われ、統治には至っていない。しかし、その後現代に至るまで、18～19世紀のフランス革命時にフランス保護下に入った

紋章の意味

中央にフランス式の盾を配し、公家であるグリマルディ家の男子が馬上試合などの際に身に着ける決まりとなっている、赤と白のひし形模様が描かれている。盾の左右を守るのは、剣を掲げたフランシスコ会の修道僧。モナコを独立に導いたフランソワ・グリマルディが、神聖ローマ帝国から国土を奪還する際に扮していた姿に由来する。下部の帯に描かれた文字は "Deo Juvante"（神のご加護と共にあらん）である。

アルベール大公ご一家　シャルレーヌ公妃、ジャック公子とガブリエラ公女の双子、夏の終わりに毎年行われるピクニック行事に参加するご家族

時代を除き、直系ではないもののグリマルディ家がモナコの元首を務めている。

*現代のモナコ公国

1861年、モナコ大公シャルル3世の時代に、国土の95％をフランスに売却する代わりに独立が認められる。ただし、モナコ公家に跡継ぎがいなければフランスに併合されることになっていた。しかし2005年12月にフランス・モナコ友好協力条約が結ばれ、跡継ぎがいなくても公国が存続することが認められている。

王室の役割

大公の下に、首相に相当する国務大臣が任命され、5名の政府顧問が国務大臣を補佐する。それぞれ対外関係協力省、財務経済省、内務省、社会厚生省、設備・環境・都市開発省を司る。立法府は、モナコ国籍の保有者によって総選挙で選ばれる一院制の国民議会（24人）からなる。

初代のモナコ大公　オノレ2世

司法権は大公が裁判所に委任する形で、三権分立が成り立っている。

王室の生い立ち

＊元首として世界初の南極点到達

現大公のアルベール2世は、ボブスレー選手として冬季オリンピックに5回も出場しているスポーツマン。さらに2006年には、地球温暖化の影響を調査するため犬ぞりで14日間かけて150kmを走破し、北極点に到達。2009年には同じく14日間かけて、世界の国家元首としては初となる南極点到達も果たしている。52歳まで独身を貫いていたが、2011年、南アフリカの水泳選手であるシャーリーン・ウィットストック嬢と結婚。1男1女をもうけている。

ハリウッドのトップスターからモナコ公妃へ

＊レーニエ3世とグレース・ケリー

アルベール2世の父であり前大公のレーニエ3世は、大公となった1949年当時、財政難に陥っていた国を立て直すためタックス・ヘイヴン（租税回避地）を導入。貿易振興や不動産開発でモナコ経済を復活させた功績を持つ。しかし、もっとも有名なのは、1956年にハリウッドのトップスターであったグレース・ケリーを妃に迎えたこと。

現大公はグレース・ケリーの息子である。カンヌ映画祭で知り合ったふたりは、1956年1月に婚約を発表。同年4月、モナコ大公宮殿の王冠室で民事婚

モナコ大公宮殿　1191年にジェノヴァ要塞として設立され、1297年からグリマルディ家の所有となったモナコ大公の公邸。モナコの旧市街地に位置し、宮殿内は一般公開されている。

モナコ大聖堂　1252年に建てられた、聖ニコラス大聖堂とも呼ばれるカトリックの大聖堂。モナコ公国の歴代君主の墓所がある。モナコ大公レーニエ3世とグレース公妃の結婚式もこの大聖堂で行われた。

1988年カルガリー五輪　ボブスレー練習中にゴーグルを調整する、アルベール王子（当時）

と呼ばれる結婚の法的手続きが行われ、その後モナコ大聖堂でカトリック式の挙式が行われた。グレース妃のウエディングドレスはハリウッドの衣装デザイナーが手掛け、王族ならではのティアラの代わりに、頭を覆うタイプのジュリエット・キャップを身に付けた。

モナコの王位継承

＊跡継ぎが生まれないと国が消滅？

レーニエ3世とグレース妃の時代は、跡継ぎが生まれなければフランスに併合される決まりだったため、ふたりの間に1男2女が生まれ、とくにアルベール公世子が誕生した際には国中が喜びと安堵に包まれたという。

＊男子優先で女子にも公位継承を認める

アルベール2世が長い間独身であったため、モナコでは2002年、男子優先であるが女子にも継承権を認める法改正を行っている。現在の継承順位1位は、アルベール2世とシャーリーン妃の第2子（長男）、4歳のジャック公世子。2位は、ジャック公世子の双子の姉であるガブリエラ公女で、3位はアルベール2世の姉であるカロリーヌ公女。

4位のアンドレア・カシラギ公子はカロリーヌ公女の長男で、現在36歳。祖母であるグレース・ケリーの血を受け継ぐ端正な顔立ちから、アメリカの「ピープル」誌で「世界で最も美しい50人」にも選ばれている。

グレース・ケリー（1954年）

ロイヤルウェディング（1956年4月）

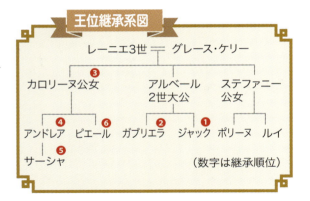

王位継承系図
（数字は継承順位）

モナコを代表するカジノ・ド・モンテカルロ

アルベール大公とシャルレーヌ公妃

ジャック公子とガブリエラ公女

アンドレア・カシラギ公子

高級リゾート地としての基礎を築いたシャルル3世

　現在は高級リゾート地として名高いモナコだが、そのきっかけとなったのは領土の大半を失った19世紀。当時の大公だったシャルル3世が、リゾート地として国を発展させるためカジノの経営を許可したことから、現在のモナコの基礎が出来上がった。モナコの中でもとくに高級リゾート地として発展しているモンテカルロの地名は、イタリア語で「シャルル3世の山」を意味している。

F1 モナコ GP 表彰式　トロフィーを渡すアルベール大公

ノルウェー王国
Kingdom of Norway

首　　都：オスロ
建　　国：1905年
公用語：ノルウェー語
面　　積：38万6000㎢
人　　口：532万8212人
　　　　　（ノルウェー中央統計局）
ＧＤＰ：3988億ドル
（MER）　（2017年、IMF）

ノルウェー王国：北ヨーロッパのスカンジナビア半島西岸に位置する。東はスウェーデン、ロシア、フィンランドと国境を接している。海岸線の多くはフィヨルドが形成されており、北極圏にまたがるが、暖流であるノルウェー海流の影響で同緯度の地域よりは比較的温暖である。四季があり、夏の平均最高気温はおよそ20度、冬の平均最低気温は－9度程度である。原油輸出国で、1969年に北海油田が発見されて以降、油田とガス田の開発が進んでいる。国土の多くが農耕に適さないため、狩猟によって捕獲されるヘラジカやトナカイなどのジビエや、海産物の料理が食文化の基本となっている。タイセイヨウダラを加工した干鱈、そしてスモークサーモンは、ノルウェーの主要な輸出品となっている。

ベルゲン市のブリッゲン（倉庫群）

現在の国王

現国王名：ハーラル5世
生年月日：1937年2月21日
　　　代：第3代国王（グリュックスブルグ朝）
在　位：1991年1月17日～

王室の成り立ち／変遷

＊デンマークによる支配

　スウェーデンのユングリング家出身と伝えられるハーラル1世が、9世紀の終わりに、ノルウェー最初の統一王国を建てたとされている。13世紀、ホーコン4世の時代に最盛期を迎え、その支配は、アイスランド、グリーンランド、スコットランドの一部と、スカンジナビア半島3分の2にまで及んでいた。しかし14世紀には、黒死病（ペスト）の流行などにより衰退。当時のデンマーク国王だったヴァルデマー4世の次女マルグレーテ1世による、デンマーク・ノルウェー・スウェーデンを合一したカルマル同盟のもとで、デンマークの支配を受ける時代が続いた。

ハーラル1世（左）

＊新生ノルウェー王国の成立

　19世紀に入って、デンマークがナポレオン戦争での敗戦国になると、ノルウェーはスウェーデンに割譲（かつじょう）されることになる。1905年、スウェーデンから独立を果たす際、デンマーク国王フレデリク8世と、スウェーデン・ノルウェー国王のカール15世（ノルウェー王としてはカール4世）の娘との間の子どもであるカール王子をノルウェー国王として迎えた。カール王子はホーコン7世となり、立憲君主制の新生ノルウェー王国の初代国王となった。

ノルウェー王国初代国王　ホーコン7世

紋章の意味

　盾の中に、百獣の王であり勇気や権力、王権の象徴とされる金色のライオンが描かれている。盾の上部には、ノルウェーの硬貨にも描かれている王冠を配している。

ハーラル5世ご一家　左からイングリッド・アレクサンドラ王女、ハーラル5世、メッテ・マリット皇太子妃、ホーコン皇太子、ソニア王妃、スヴェレ・マグヌス王子

王室の役割

国王は国の象徴として国民意識の統一に重要な役割を果たしている。ただし、実際の公務は儀式や式典などに限られている。その他には、国同士の親交を深めるための訪問や、国内の産業発展のための企業訪問、子ども病院の訪問などの慈善事業も行っている。

身分の違いを乗り越えた現国王と王妃

現国王のハーラル5世は、3歳の頃にノルウェーを占領していたナチス・ドイツの手を逃れてアメリカに亡命した経験を持つ。その後、ノルウェーのオスロ大学やイギリスのオックスフォード大学で学び、1968年にソニア・ハーラルセン

ノルウェー国王在位25周年　ハーラル5世とソニア王妃

嬢と結婚。ソニア妃はオスロのデパート経営者の娘であり、平民の出身。当時の国王であった父のオーラヴ5世をはじめ政府も反対したものの、ハーラル5世は10年近く交際を続けながら父王の許しを待ち、ついに周囲が折れる形で結婚を果たしている。

　ソニア王妃は夫とともに公務に精を出し、1982年には難民への顕著な功績を残した個人ないし団体に対して国際連合難民高等弁務官事務所（UNHCR）が授与するナンセン難民賞を受賞している。国王はスポーツマンとしても有名で、1964年の東京オリンピック、1968年のメキシコシティーオリンピック、1972年のミュンヘンオリンピックに、ヨットの選手として出場を果たしている。

父王と同じ道を選んだ次期国王

　現在、ノルウェー王室の王位継承順位第1位はハーラル5世の長男である46歳のホーコン皇太子。しかし19年前には、王位継承権の放棄寸前の事態が起きていた。それは、父王と同じ結婚問題。お相手は、オスロ大学の学生メッテ・マリット・ヒェッセム・ホイビー嬢で、銀行員の娘で平民であった。しかし、問題は身分ではなく、彼女は未婚の母であり、当時すでに3歳の息子がいたこと。しかも元夫は薬物所持の犯罪歴もあり、国中がその結婚に反対していた。

　しかし、両親であるハーラル5世とソニア王妃はふたりを応援し、2001年

ホーコン皇太子とメッテ・マリット嬢のロイヤルウェディング（2001年8月25日）

オーラヴ5世は金メダリスト

　スポーツマンで3度もオリンピックに出場した経験を持つ現国王だが、その運動神経は父王のオーラヴ5世譲りだ。1928年のアムステルダムオリンピックに、セーリングとスキージャンプで出場したオーラヴ5世は、何とセーリングで金メダルを獲得している。「国民の王」として庶民から愛されたオーラヴ5世は、自動車の運転も好み、自らハンドルを握ってスキー場に向かう姿がたびたび目撃されたという。

ウィンザーグレートパークで行われたポロの試合に出席したオーラヴ5世。左はエリザベス2世女王。

に結婚を果たしている。前夫との息子も、王位継承権はないが国王一家に受け入れられている。

初の女王誕生へ

2004年、ホーコン皇太子とメッテ・マリット妃の間に長女アレクサンドラ王女が誕生した。1990年の憲法改正により、ノルウェーでは男女の区別なく第1子に王位継承が認められることとなっている。そのため、アレクサンドラ王女が即位すれば、ノルウェー初の女王が誕生することになる。

イングリッド・アレクサンドラ王女

オスロ王宮　1848年に完成したノルウェーの宮殿。首都オスロにあり、現ノルウェー国王の居城となっているため、内部には入れない。

カール・ヨハン騎馬像　王宮の正面にはこの城の建築を命じたスウェーデン王カール・ヨハンの騎馬像が立っている。19世紀中頃は、ノルウェーはスウェーデン王国の一部であり、カール・ヨハンはノルウェーの国王としても、カール3世ヨハンとして統治した。その功績をたたえ、オスロ市内の王宮につながる通りの名前もカール・ヨハン通りと命名されている。

11世紀のオーラヴ2世が祀られた教会

ノルウェー中部のトロンハイムにあるニーダロス大聖堂は、1152年に設立されたロマネスク様式とゴシック様式の壮麗な教会。11世紀の国王オーラヴ2世が埋葬されていたとされる場所で、1814年から国家の戴冠式教会とされ、憲法にも定められていた。1906年にはホーコン7世の戴冠式が執り行われたが、その後は憲法改正により戴冠式は行われていない。ただし、次のオーラヴ5世もハーラル5世もニーダロス大聖堂で王位継承の祝福を受けており、今でも聖なる教会として重要な役割を担っている。

ニーダロス大聖堂

国民に愛される王室

首都オスロの丘の上に建つ王宮が国王一家の居城。宮殿内部の見学はできないが、美しい庭園は年間を通じて見学自由で、国民の憩いの場にもなっている。警備をほとんどつけずに、街で気軽に国民と触れあうのがノルウェー王室の特徴。現国王の父であるオーラヴ5世は生前、外国の賓客からなぜ護衛をつけないのかと尋ねられたことがあるという。その際オーラヴ5世は、「私には400万人のボディガードがいる」と答えたという。400万人とは、当時のノルウェーの人口。つまり、全国民が自分を知って守ってくれているのだと答えたエピソードは、ノルウェー国民なら誰もが知る有名な話であるという。

系図

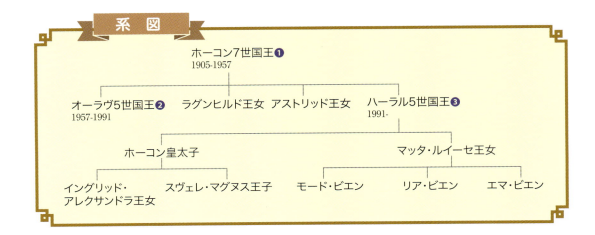

ブータン王国
Kingdom of Bhutan

首　都：ティンプー
建　国：1907年
公用語：ゾンカ語
面　積：3万8394km²
人　口：75万4,000人
　　　　（2018年：世銀資料）
ＧＤＰ：25億ドル
（MER）（2017年：世銀資料）

ブータン王国：北は中国、東と西と南はインドと国境を接する南アジアの仏教国。ヒマラヤ山脈の南麓に位置し、標高7561mのガンカー・プンスムを有する。気候は大きく3つに分けられ、北部はツンドラ気候、中部はモンスーン気候、南部は亜熱帯性気候である。米や麦などを栽培する農業が盛んだが、最大の輸出商品はヒマラヤ山脈の斜面を活かした水力発電による電力。近年では観光業にも力を入れ、高級ホテルの誘致も進んでいる。標高約3000mの断崖絶壁に建てられたチベット仏教の聖地タクツァン僧院や、国王の執務室や国会議事堂などの行政機関のある城タシチョ・ゾンなどが人気の観光スポットとなっている。歴代国王の誕生日や逝去日が祝祭日と定められている。

パロ、ブータンの宗教的な祭り

現在の国王

現国王名：ジグミ・ケサル・ナムゲル・ワンチュク
生年月日：1980年2月21日
**　　　代**：第5代国王
在　位：2006年12月14日〜

王室の成り立ち／変遷

＊チベット仏教の統一と国のはじまり

チベット仏教の4大宗派はニンマ派、カギュ派、サキャ派、ゲルク派。このうち、カギュ派の一系列であるドゥク派の僧侶ガワン・ナムゲルが、17世紀頃に国内の内紛を鎮めて統一を図ったことが国の始まりとされている。しかし、その後も内紛は繰り返され、ようやく国の混乱が収束に向かったのが19世紀末。このときに優れた統治力を発揮したのが、ブータン南部に位置するトンサのペン・ロプ（領主）だったウゲン・ワンチュクである。

＊ワンチェク国王の即位

1907年、宗教界や各地方の村長、国民代表などが集まり、ウゲン・ワンチュクを世襲国王として選出。ブータンの初代国王となり、近代的な学校の整備や、西洋的な教育体制の導入など、国民の富を第一に考えた政策を打ち出した。一方、仏教の保護にも力を注ぎ、数多くの寺院の建設や修復活動を行い、現王国の基礎を確立した。

系図

ウゲン・ワンチュク❶
1907-1926

ジグミ・ワンチュク❷
1926-1952

ジグミ・ドルジ・ワンチュク❸
1952-1972

ジグミ・シンゲ・ワンチュク❹
1972-2006

ジグミ・ケサル・ナムゲル・ワンチュク❺
2006-

ウゲン・ワンチュク初代国王

紋章の意味

ブータンの人々は自国を「ドゥルック・ユル」と呼ぶ。ドゥルック＝雷龍、ユル＝国で「雷龍の国」を意味し、かつてはこの地がチベット語で「龍の地」と呼ばれていたことなどに由来する。これらのことから、円形の中にブータンを象徴する龍の姿が描かれている。円の中央にはチベット仏教の法具である金剛杵が、そして円の下部には蓮の花が描かれている。円の上部にあるのは、ブータン国民と国王を守る吉祥物の傘である。

ブータン王室の方々、中央がジグミ・ケサル・ナムゲル・ワンチュク国王、その左がジェツン・ペマ王妃

王室の役割

＊立憲君主制の国へ

1907年以降、ブータンでは国王が絶対的権力を持つ政治形態が維持されてきた。しかし2005年、第4代のジグミ・シンゲ・ワンチュク国王が絶対君主制から立憲君主制への移行を発表。国王の世襲制は維持する一方、65歳定年制も導入された。2008年にはブータン史上初の国政選挙が実施され、国会は国王不信任決議の権限も有している。

改革好きな歴代国王

＊鎖国体制の緩和

初代国王のウゲン・ワンチュクは、西洋的な教育制度の導入など、当時では画期的な改革を推し進めたが、その後の国王たちもさまざまな改革に着手している。ウゲン・ワンチュクの長男である第2代国王のジグミ・ワンチュクは、長い間貫かれてきた鎖国政策を緩和し、イギリス人の立ち入りを許可している。

＊絶対君主から立憲君主へ

また、ジグミ・ワンチュクの息子である第3代国王のジグミ・ドルジ・ワンチュクは、農奴制度や死刑制度の廃止にはじまり、国民議会や王立諮問委員会の設置に着手した。自ら国民議会における拒否権を返上し、国民議会の独立性を認めて立憲君主制の土台をつくった。その息子で第4代国王のジグメ・シンゲ・ワンチュクは、父王の急逝により若干16歳で即位したが、行政の実権を担う首相職を設立するなど、国王の権限の縮小化を一気に押し進めた。「国民総幸福量」を国の指標として提唱したのも第4代国王である。

国民は民族衣装の着用が義務!?

さまざまな改革を推し進めた第4代国王のジグミ・シンゲ・ワンチュクだが、国家の統一性を維持するため、保守的な政策も打ち出した。それは、国民は公式の場所では民族衣装を着用することを定

眞子さまがブータン訪問 伝統文化を体験（2017年6月3日）

ティンプーにあるタシチョ・ゾン 国王の執務室や行政機関が集まっている城

めた品行令。男性は着物を羽織り裾を膝までたくし上げてハイソックスを着用する「ゴ」、女性は3枚の布地を縫い合わせた1枚布を体に巻きつけ、「コマ」というブローチや締め帯などを使って着用する「キラ」という民族衣装を着用することが、国によって決められている

ワンチュク国王の戴冠式（2008年11月6日）

ンでは一夫多妻が認められているものの、国王は生涯で妻はただ一人と宣言している。

タイでは写真集も発行されたイケメン現国王

　第5代ジグミ・ケサル・ナムゲル・ワンチュク国王は、東日本大震災の半年後に来日し、日本国民にスピーチを行ったことで一気に有名になった。その端正な顔立ちからタイでは写真集も発行される人気ぶり。イギリスのオックスフォード大学の他、アメリカやインドへの留学経験を持つインテリでもある。2011年には遠縁のジェツン・ペマ嬢と結婚。ふたりの出会いは子どもの頃で、7歳のペマ嬢が17歳のワンチュク国王に逆プロポーズをしたという逸話もある。ブータ

ワタリガラスがデザインされた王冠

　2008年、国王の執務室と行政府、ブータン仏教の本山がある首都ティンプーの城タシチョ・ゾンで、第5代国王の戴冠式が行われた。チベット仏教に関する曼荼羅などを題材にした大掛軸（タンカ）が飾られた城内には、玉座が置かれ、最高位僧ジェイ・ケンポにより新国王に王冠が授けられた。王冠は、国鳥でありブータンの守護神の化身とされるワタリガラスがデザインされたもの。

サウジアラビア王国
Kingdom of Saudi Arabia

首　都：リヤド
建　国：1932 年
公用語：アラビア語
面　積：215 万㎢
人　口：3294 万人
　　　　（2016年、世界銀行）
Ｇ Ｄ Ｐ：7699 億ドル
（MER）　（2018年、IMF）

サウジアラビア王国：アラビア半島の大部分を占める、紅海とペルシア湾に面するイスラム教国。5 月から 9 月の暑い季節には、1 日の平均最高気温が 40 度を超える。最低気温でも 30 度程度。石油などの天然資源の採掘が主な産業で、製造業などは非常に小規模。巡礼者を除き一般観光客を受け入れておらず、観光業も発展していない。他の中東諸国同様にサッカーが盛んで、アジアカップのみならず、FIFA ワールドカップの常連でもある。宗教指導者層がテレビ放送に対して否定的であり、国営放送で日本のポケモンが放送されていたが、その人気ぶりに一度は禁止令が出た。しかし事態が沈静化した数年後には、再び放送された。1980 年代から、映画は低俗で罪深いものとされ映画館が閉鎖されていたが、2018 年にようやく一般上映が始まっている。

預言者のモスク イスラム教第 2 の聖地

現在の国王

現国王名：サルマーン・ビン・アブドゥルアズィーズ
　　　　（全名：サルマーン・ビン・アブドゥルアズィーズ・アール＝サウード）
生年月日：1935 年 12 月 31 日
　　　代：第 7 代国王
　　在位：2015 年 1 月 23 日 ～

王室の成り立ち／変遷

＊ワッハーブ派とサウード家

18世紀、神学者のムハンマド・イブン・アブドゥルワッハーブがイスラム教のワッハーブ派を創始し、アラビア半島中央部をルーツとするサウード家が彼らを保護し、独立国を建てた（ワッハーブ王国）。これがサウジアラビアの始まりとされている。その後、オスマン帝国やエジプトとの対立の時代を経て、アブドゥルアズィーズ・イブン・サウードがリヤドの街を奪還し、1931年にナジュド・ヒジャーズ王国の建国を宣言。1932年には国名を、〝サウード家によるアラビアの王国〟を意味するサウジアラビア王国と変更し、初代国王アブドゥルアズィーズ1世となった。

＊サウジアラビアの王たちの系譜

アラビア半島のイスラム社会では婚姻関係が非常に複雑で、妃でも公式の場に出ないことや、異教徒の配偶者は正妻とされなかったことなどから、正式な記録が乏しく、同様に娘に関しても人数などは不明な場合が多い。一説では、アブドゥルアズィーズ1世には40人以上の妻がおり、王子だけでも50人以上授かったとされている。そして、現在のサルマーン・ビン・アブドゥルアズィーズ第7代国王まで、歴代の国王はすべてアブドゥルアズィーズ1世の息子たちが順番に努めている。

初代国王のアブドゥルアズィーズ・イブン・サウード

イスラム教ワッハーブ派とは

18世紀半ばアラビア半島に起こったイスラム改革運動。初期イスラムを理想とする純粋主義・復古主義の傾向を持つ。信徒は徹底した禁欲的態度が要求される。現在、サウジアラビア王国の国教。

紋章の意味

シャムシールと呼ばれる湾曲した片刃の刀身を持つ新月刀が2本交差している。この剣は正義や信仰、イスラムの守護を表すとされている。剣の上には、農業やオアシス、生命力などを表すヤシの木が描かれている。

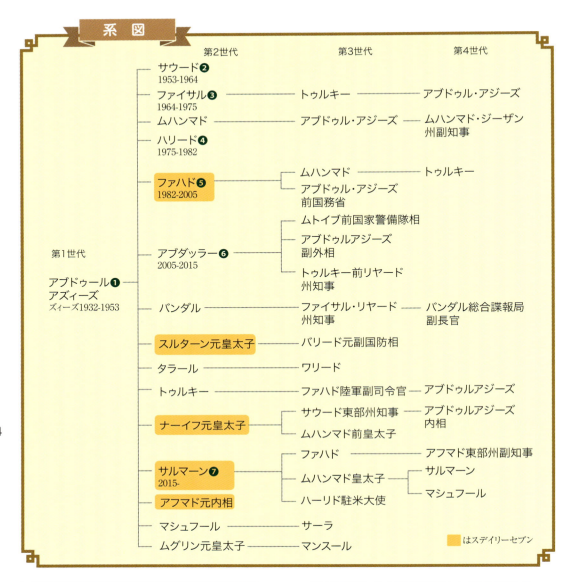

王室の役割

　国王が閣僚会議を主宰し、重要ポストもすべて王族が占める。国王は行政機関の長であり、その権限は幅広い。首相も国王が兼任し、副首相と閣僚の任免も行う。全軍の最高司令官であり、非常事態・総動員・宣戦を布告するのも国王である。サウジアラビアの司法機関は、司法省が管轄する「イスラム法廷」、国王直属の「苦情処理庁」、関係省庁が管轄する各種委員会の3つに分けられるが、いずれも国王が最終的な上訴裁判所としての機能を持っている。

王位継承に強い「ステイリー・セブン」

　数多くの妻を持ったアブドゥルアズィーズ1世だが、もっとも寵愛したのがステイリー家出身のハッサという女性だったという。そして、初代国王とハッサ妃との間に生まれた7人の男子は「ステイリー・セブン」と呼ばれ、王位継承

アブドゥールアズィーズ１世の息子たち　67歳の王と32人の息子

に強い力を発揮している。実際、7人のうち4人が王位継承順第1位の皇太子に指名され、うち2名が即位前に死亡したものの、残りのファハド・ビン・アブドゥルアズィーズは第5代国王に、サルマーン・ビン・アブドゥルアズィーズは第7代国王となっている。現在は初代国王の孫にあたる第三世代への引き継ぎも進んでいるが、スデイリー・セブンの結束は固く、現在の王位継承権第1位は現国王の子であるムハンマド・ビン・サルマーン・アール・サウード皇太子。つまり、スデイリー・セブンの子どもたちが次世代の国王を務める道筋が作られている。

女子にも学びと運動の道を開いた第6代国王

第6代アブダッラー・ビン・アブドゥールアズィーズ国王は2008年、それまで女性が学ぶことができなかった、医学や外国語などが学べる国内初の女性専用総合大学を創設。また2013年には、一部の私立校で女子の体育の授業を認めると発表している。サウジアラビアの女子は運動を行う機会も限られていたが、2012年ロンドンオ

第6代国王のアブダッラー・ビン・アブドゥールアズィーズ

サウジ地方議会（サウジアラビア諮問評議会）当選の女性議員らが登院（2013年）

スルタン・アル・サウード（写真後列右）
サウジアラビアのファハド国王（5代国王）の甥にあたる王子。アラブ世界で初めて宇宙に出た。初搭乗は1985年6月17日、アラブ衛星通信機構の衛星「アラブサットA」を担当した。宇宙では、イスラム教のコーランを持参し、全世界に向かって祈りを捧げたという。（NASA提供）

リンピックには史上初めて女性選手を送るなど、少しずつ女子スポーツの門戸も開かれている。

宇宙飛行士になった王子

初代国王の孫にあたる第三世代ではすでに200人以上の王子がいるとされるが、すべてが政治の世界に携わるわけではない。ムハンマド現皇太子は、国内のキング・サウード大学で法学を学んだあと父王の補佐をしながら29歳にして国防大臣兼王宮府長官に大抜擢されている。一方、異母兄であるスルタン・ビン・サルマン・ビン・アブドゥルアズィーズ・アル・サウードは、アメリカの大学でマスコミュニケーション学や社会政治学を学んだあと、ムスリムとして史上初めての宇宙飛行士となっている。そして1985年にはスペースシャトル「ディスカバリー号」に搭乗。実験装置の操作や保守などを行うペイロードスペシャリストとして、宇宙でのミッションに携わっている。

圧倒的な資産力を象徴する豪華なバカンス

世界最大級の産油国サウジアラビアは、王族の資産力も桁違い。それがわかるのが、サルマーン現国王の夏のバカンスの過ごし方である。毎年南フランスへと出かけるが、側近や付き人など同行者およそ1000人を

サルマン国王の南フランスの別荘

従えて3週間滞在。かかる費用は7000億円近いと伝えられている。フランスの地中海沿岸には、およそ1kmにわたって国王一族の別荘が建ち並び、同行者はここに滞在。その他、カンヌの超豪華ホテルにも宿泊し、この期間はフランスの小売業や観光業も掻き入れ時として活気づく。ただし、これだけの人数の王族関係者が詰めかけるとあって、プライバシー保護と安全上の理由から公共のビーチも立ち入り禁止となり、近づけば沿岸警備隊に制止される。このことから、地元住民や外国人観光客からは不満の声が上がっているという。

メッカのマスジド・ハラームとカーバ神殿　マスジド・ハラームのほぼ中央にあるカーバ神殿（黒く四角い建物、写真では右やや上）はイスラム教の聖殿であり、イスラム教徒は世界中どこからでも、このカーバ神殿の方向を向いて礼拝する。イスラム暦12月（太陰暦であるため、太陽暦の西暦とは一致しない）には世界中からこの聖殿をめざした大巡礼が行われ、300万人もの巡礼者がこの地に集まるといわれる。巡礼の月には、メッカ近くの空港に、巡礼者専用のゲートができる。

サウジアラビア国王 46年ぶりに来日

　サルマン国王は、2017年3月12日、日本への公式訪問で羽田空港に到着した。日本国内ではその訪日の規模が話題に上った。まず、サウジアラビアからは王族や関係閣僚、国王の使用人などあわせて1500人あまりの大規模な訪日団が、専用機10機で来日したこと。国王自身は迎賓館に宿泊したが、同行者たちには都内の高級ホテルなど1000室以上が確保され、移動用のハイヤー約500台を準備したことなど、桁違いの規模だった。羽田空港に着いた国王は、サウジから事前に持ち込んだ専用の金色のエスカレーター式タラップを使って降り立った。皇太子さま（当時）はじめ、中東諸国の在日大使らも出迎えた。4日間の日程で、石油依存からの脱却を進めるサウジの経済構造改革に関する協力をめぐり会議が行われ、15日には次の訪問国、中国に向かった。

貴賓室に整列する、サウジアラビアのサルマン国王に同行している王族ら（東京・羽田空港の貴賓室、2017年03月12日）

ヨルダン・ハシミテ王国
Jordan

首　都：アンマン
建　国：1923年
公用語：アラビア語
面　積：8,900km²
人　口：945.5万人
　　　　（2016年　世界銀行）
ＧＤＰ：400億ドル
（MER）（2017年　世界銀行）

ヨルダン・ハシミテ王国：国の正式名称はヨルダン・ハシミテ王国。公式の英語表記は「Hashemite Kingdom of Jordan」であり、ハシミテはアラビア語でハーシミーヤ。預言者ムハンマドの曽祖父であるハーシムの、孫の家系であるハーシム家を王家としている。夏の平均気温は30度程度で、首都アンマンでは冬に雪が降ることもある。他の湾岸諸国のように天然資源には恵まれておらず、エネルギーの95%以上を輸入に頼っていることから、近年、太陽光や風力を利用した再生可能エネルギーの開発を進めている。外貨を獲得できる貴重な産業として観光振興にも力を入れている。観光資源では、世界遺産であり映画「インディ・ジョーンズ 最後の聖戦」のロケ地にもなったペトラ遺跡や、工業・農業・医薬品・化粧品などに用いられる上質な混合物が採れる死海などが有名。死海の東岸は健康増進を目的とする観光の拠点として発展し、スパやフィットネス施設が整った高級ホテルが立ち並ぶ。

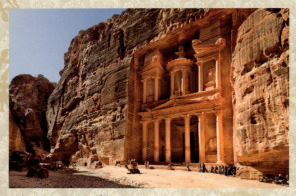
ペトラ　エル・カズネ

現在の国王

現国王名：アブドゥッラー2世・イブン・アル・フセイン
生年月日：1962年1月30日
　　　代：第4代国王
在　位：1999年2月7日

王室の成り立ち／変遷

＊ヨルダンの地政

　中東・西アジアのこの地域は、7世紀頃からイスラム諸王朝の支配を受け、16世紀からはオスマントルコの支配下に入った。ヨルダンの初代国王となったのは、アブドゥッラー1世・ビン・アル・フセイン。19世紀から20世紀にかけてオスマン帝国からのアラブ独立運動を指導した、ハシーム家出身のフサイン・イブン・アリーの次男として、サウジアラビアのメッカで生まれた人物。

　1916年のアラブの反乱以降、イギリスはフサイン・イブン・アリーの三男にイラク王国を与え、アブドゥッラー1世にはヨルダン川東部に「トランス・ヨルダン王国」の建国を提案。これを受けて、1923年にトランス・ヨルダン首長国を建国し、イギリスの保護下に置かれたのち、1946年にはトランス・ヨルダン王国として独立。1949年には国名をヨルダン・ハシミテ王国に改めた。以降、ハーシム家出身の国王が世襲統治する。

系図

アブドゥッラー1世 ❶
1921-1951

タラール ❷
1951-1952

フセイン1世 ❸
1953-1999

アブドゥラー2世 ❹ ＝＝＝ ラーニア王妃
1999-

フセイン皇太子

アブドゥッラー1世

紋章の意味

赤いベルベッドのローブの上に、イスラム教の開祖であるムハンマドの血筋を引くハーシム家の王冠を戴いている。ローブの内側は純潔を表す白。ローブの中には、金色の盾の後ろにある地球の上に、力の象徴である鷲が立ち翼を広げる様子が描かれている。鷲の後ろの旗はヨルダン国旗をデザインしたもの。盾の下には小麦の穂とヤシの葉。その下にはヨルダンの一等勲章が吊るされている。勲章の上の黄色い帯には、現国王名である「アブドゥッラー・ビン・アル・フセイン」と、「ヨルダン・ハシミテ王国国王」、「神からの助力と成功を望む者」を意味するアラビア文字が描かれている。

国王ご一家　左からイマン王女、ハシェム王子、アブドゥッラー国王、ラーニア王妃、フセイン皇太子、サルマ王女

王室の役割

　ヨルダン憲法では、行政権は国王に与えられている。またすべての判決は国王の名の下に成され、司法権も与えられている。2016年には、主要統治機関に対する責任を国王が専有するという憲法改正諸案が可決され、上院の議長および議員、司法権および憲法裁判所の裁判長や裁判官、諜報機関・軍および警察の長、王の代理および皇太子の任命に際して、国王が独占的権限を持つことになった。

国王の生い立ち

　前国王であるフセイン1世の長男として生まれたのが、現国王のアブドゥッラー2世。フセイン1世時代、数十年間にわたり王位継承順位第1位の皇太子はフセイン1世の弟のハサン氏だった。しかし、フセイン1世は亡くなる直前に皇太子の地位を長男のアブドゥッラー1世に変更した。

　アブドゥッラー2世は4歳からイギリスで教育を受け、1980年にはイギリス王立陸軍士官学校に入学。1983年からはオックスフォード大学でも学び、1987年からはアメリカのジョージタウン大学大学院に入学。国際関係論の修士課程を修了している。

　ちなみに、アブドゥッラー2世の母はフセイン1世の2番目の妻で、ホッ

ケー選手の経歴も持ち、映画「アラビアのロレンス」の撮影セットで秘書アシスタントとして勤務していたイギリス人のアントワネット・アヴリル・ガーディナー嬢（のちに改名してムナ王妃現在は離婚）である。

　1993年、アブドゥッラー2世はクウェート出身で両親がパレスチナ人のラーニア嬢と結婚。ラーニア王妃は医師の娘として生まれ、ニュー・イングリッシュ・スクール、カイロ・アメリカン大学で経営学を学び1991年からアンマンのシティバンクに勤務していた。その美貌と知性から中東一の才媛と謳われている。アブドゥッラー2世とラーニア王妃の間には2男2女が誕生している。

国王はコマンドー!?

　アブドゥッラー2世は国王に即位するまでヨルダン陸軍に所属し、陸軍大尉第91師団戦車大隊長や空軍対戦車ヘリコプター隊戦術教官、第40旅団装甲大隊長、そしてヨルダン特殊部隊司令官などを歴任している。その経歴から、戦車や戦闘機の操縦技術にも長けている。2009年には、アンマンの郊外に「アブドゥッラー2世特殊作戦訓練センター」を設立。世界各国の特殊部隊の訓練のために使われている。

戦闘服姿のアブドゥッラー国王

アブドゥッラー国王、ラーニア王妃のロイヤルウェディング

ラガダン宮殿　首都アンマンにあるラガダン宮殿は、1928年にアブドゥッラー1世の住まいとして建てられた伝統的なイスラム様式の宮殿。現在は迎賓館や国王の執務室として使用される他、敷地内には歴代国王の霊廟も建てられている。1999年、アブドゥッラー2世の戴冠式もこの場所で行われた

お忍びで市中に表れる

アブドゥッラー 2 世の趣味はスカイダイビングとスキューバダイビング、そしてカーレースだという。日常的にも自らハンドルを握って車を運転し、外国要人を迎えに行くこともある。国民の声に耳を傾けるため、タクシー運転手などに変装して市中に表れることもある。数年前の雪の日には、道路でスリップした車を助ける人々の中に、アブドゥッラー 2 世の姿があったことで国民を驚かせた。

2008 年 9 月 8 日、ヨルダンのアブドゥッラー国王とラーニア王妃が孤児たちを訪問した

ヨルダンの王位継承

＊父王と同様長男を皇太子に

ヨルダンの王位継承順位は長子相続制に基づくが、勅令によって順位を変更することも可能。ただし、王位継承資格を持つのは、アブドゥッラー 1 世の男系の子孫とされている。アブドゥッラー 2 世が即位したとき、皇太子は弟であるハムザ氏だった。しかし 2004 年、アブドゥッラー 2 世は皇太子の王位継承権を剥奪すると発表。現在の皇太子は、アブドゥッラー 2 世の長男である、25 歳のフセイン・ビン・アブドラ氏である。

＊新時代の王子

端正な顔立ちの若きフセイン皇太子は、父王に同行して公務に取り組むほか、最年少で国連安全保障理事会の会合に出席し、ヨルダン空軍の訓練にも参加。ミレニアム世代の王子はそれらの様子を自身の SNS で積極的に発信しており、インスタグラムのフォロワー数は 200 万人に達している。

キング・アブドッラーモスク

国連総会の一般討議　フセイン皇太子が演説（2017 年 9 月 21 日）

消えた王室 1

✼ エジプト王国 ✼
（紀元前32世紀〜1952年）

有史以前まで遡るエジプトの歴史。最初に国の統一が果たされたのは紀元前3000年ごろで、エジプト第1王朝を建てたメネスが最初のファラオ（王）と伝えられている。エジプトのピラミッドの中で最大規模を誇るのはクフ王のピラミッド。クフ王は紀元前26世紀頃に興った、エジプト第4王朝を統治したファラオである。

紀元前4紀半ばに興り、紀元前50年ごろに最後の王となったクレオパトラを有するプトレマイオス朝の時代を経て、ローマ帝国やビザンツ帝国の支配を受けながらイスラム化したエジプト。近代化が始まったのは、19世紀初頭に入ってからである。1789年にナポレオン軍に占領された際、マケドニア出身のアルバニア人であるムハンマド・アリーがこれに対抗。エジプトの支配権を掌握し、ムハンマド・アリー朝を成立させた。

1869年、ムハンマド・アリー朝はスエズ運河の開削に投資し、エジプトの国際的地位は一気に高まった。しかし、深刻な財政難にも陥り、イギリスの保護国となってしまう。エジプト王国として独立を果たすのは、第一次世界大戦が終結したのちの、1922年のことである。

ムハンマド・アリー朝は第二次世界大戦後も続いたが、1948年に起こった第一次中東戦争での惨敗を受け、青年将校たちによるクーデターが勃発。1953年、ムハンマド・アリー朝は廃絶となり、エジプトは共和制に移行した。

事実上、最後のファラオであったファールーク1世は、ヨーロッパに亡命。しかし、膨大な財産を持っており、亡命先でカジノ通いなどをしながらセレブ生活を送り、1965年に死去した。ファールーク1世の息子であるファード2世は1952年生まれで、生まれたその年に即位した。しかし翌年に王政が廃止されたため、実質的な統治は叶わないまま父とともにヨーロッパに渡り、スイスやフランスで暮らしている。

クフ王のピラミッド（エジプト、ギザ）

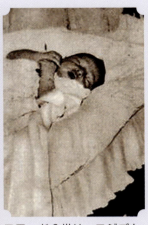

フアード2世は、エジプト、ムハンマド・アリー朝の第11代君主（**在位**：1952年-1953年）。エジプト王としては3代目、ムハンマド・アリー朝最後の君主でもある。

カンボジア王国
Kingdom of Cambodia

首　　都：プノンペン
建　　国：1953年
公用語：カンボジア語
面　　積：18.1万km²
人　　口：1600万人
　　　　　（2017年IMF推定値）
ＧＤＰ：223億ドル
(MER)　　（2017年　IMF推定値）

カンボジア　プノンペン

カンボジア王国：インドシナ半島南部に位置する、タイとベトナムに挟まれた国。熱帯モンスーン気候に属し、年間を通して高温多湿。日本のような四季はないが、雨季と乾季に分かれる。国土のおよそ3割が農地であり、多くは水田となっている。主要作物は米だが、トウモロコシやキャッサバ、落花生、大豆、タバコなども栽培されている。観光業も盛んで、首都プノンペンでは近年、高級コンドミニアムの建設ラッシュが続いている。世界遺産ではアンコール・ワットが有名だが、タイとの国境に延びるダンレク山脈にひっそりと佇むプレアヴィヒア遺跡も、2008年に世界文化遺産として登録されている。クメール語で「神聖な寺院」を意味し、9世紀頃にクメール王朝によって創建された当時はヒンドゥー教のシヴァ神を祀る寺院であったとされている

現在の国王

現国王名：ノロドム・シハモニ
生年月日：1953年5月14日
　　　代：第51代国王
　　在位：2004年10月14日～

王室の成り立ち／変遷

＊クメール王朝としての歴史

9世紀、ジャヤーヴァルマン2世が現在のアンコール遺跡地方を拠点に支配を広げ、クメール王朝（アンコール王朝）を創始したのがカンボジアの始まりとされる。12世紀にはスーリヤバルマン2世が寺院建築に尽力し、30年の歳月をかけて石造寺院アンコール・ワットを建築。アンコール遺跡のアンコール・ワット、トマノン、バンテアイ・サムレ、及びピマーイ遺跡など数多くのヒンドゥー教寺院を建築した。スーリヤヴァルマン2世の従兄弟の子であるジャヤヴァルマン7世の時代には、アンコール・ワットの北に城塞都市アンコール・トムが創られた。クメール王朝は東南アジアで巨大な勢力を誇っていた。その後、14世紀にはタイのアユタヤ王朝などとの戦いで衰退た。タイとベトナムによる二重支配を受けていた時代もある。

＊近代におけるカンボジア王国

19世紀には当時のアン・ドゥオン国王がフランスの保護国になる道を選び、カンボジアの文化と伝統を死守。アン・ドゥオン国王は近代カンボジアの礎を築

スーリヤヴァルマン2世

アンコール・ワット遺跡

紋章の意味

中央に描かれるのはカンボジアの王冠。下部の帯には、「カンボジア王国の国王」を意味するクメール語「Preah Chao」、「Krung」、「Kampuchea」の文字が綴られている。

王冠の向かって左側を支えるのがガジャシンハというゾウの鼻を持つ獅子。右側は獅子のシンハで、王族のための五層の傘を捧げ持っている。

いた王とされている。カンボジアが完全独立を果たしたのは、1953年のことである。

王室の役割

カンボジア国王は、君臨するが統治はしないという立場である。首相及び閣僚評議会を任命する役割を持ち、月に2回、首相及び閣僚評議会の謁見を受けて国政の報告を受けている。裁判官の任命・異動または解任に関する勅令へ署名や、カンボジア国軍の最高司令官として国防最高評議会の議長を務めるなど、さまざまな公務がある。

カンボジア国王は世襲制ではなく指名制

王室のある多くの国は世襲制を取っているが、カンボジアでは上院議長や副議長、下院副議長、仏教指導者ら9名からなる王位継承評議会によって指名される。その選出は、近代カンボジアの礎を築いたアン・ドゥオン国王、その息子であるノロドム国王、シソワット国王の直系子孫で、30歳以上の男子からと定められている。

波乱万丈の生涯を送った前国王シアヌーク

「殿下」と呼ばれたシアヌーク国王だったが、その生涯は波乱万丈だった。1955年には父親のノロドム・スラマリットに国王の位を譲り、自身は新たに政党

系図

アン・ドゥオン王
1847-59
|
ノロドム王
1859-1904
|
シソワット王
1904-1927
|
モニボン王
1927-1941
|
シアヌーク王
1941-1955
|
スラマリット王
1955-1960
|
シアヌーク王
1960-1970
再即位1993-2004
|
シハモニ王
2004-

シアヌーク国王が退位 息子のシハモニ氏が新国王へ

カンボジア前国王の葬儀 全土で哀悼の意（2013年2月3日）

を創設して選挙に出馬。国王ではなく首相となって国の舵取り役となった。わずか5年で父王が死去し、再び国王となるが、1970年の外遊中に当時の首相ロン・ノルによるクーデターが勃発。カンボジアの国王は空位となり、シアヌーク国王は亡命生活を余儀なくされた。国連による管理を経て再び立憲君主国となったのは1993年のことである。シアヌーク国王は2004年まで国王として務め、2004年に生前退位し息子のノロドム・シハモニ国王に王位を譲っている。

シアヌーク前国王の葬儀

2013年2月、前年に89歳で死去したシアヌーク前国王の葬儀が首都プノンペンで行われた。前国王の遺体は防腐処置が施され、プノンペンの王宮に安置されていた。葬儀の日、前国王の棺は黄金の竜頭をかたどった特別車に載せられて王宮を出発し、5時間余りをかけて市内の独立記念塔などを巡り、特別に設置された火葬場に安置された。沿道にはおよそ9万人の市民が集まったといわれ、手にハスの花や線香を持った人々が葬列に祈りを捧げた。

芸術家肌？の現国王

シアヌーク国王と6番目の妻であるモニニヤット妃の間に生まれたノロドム・シハモニ国王。海外でクラシック・バレエや映画撮影技術を学んだ経験を持つ、芸術家肌の国王である。パリでユネスコの大使も務めていた。現在66歳だが結婚はしていない。社会的、宗教的奉仕活動を行い国王を補佐する存在の王妃がいない状況が続いている。

シアヌーク国王が生前退位 戴冠式を前に、シアヌーク国王夫妻から聖水を受けるシモハニ新国王

シハモニ新国王戴冠式（カンボジア・戴冠の間）

シルバー・パゴダ（プノンペン）

絢爛豪華な王宮と王室の菩提寺

　プノンペン市内にある王宮はカンボジア王国のシンボルともいえる存在。広大な敷地に、戴冠式などの国家行事に使用する即位殿や国王の暮らす宮殿、宝物庫などが点在している。王宮の中でもひときわ目立つのが、黄金の屋根の即位殿で、内部を見学することは許されていないが、入り口から黄金の玉座を見ることができる。また、王宮に隣接するシルバーパゴダは王室の菩提寺。回廊には、古代インドの大長編叙情詩でヒンドゥー教の聖典の1つである「ラーマーヤナ」の壁画が、およそ600mにわたって描かれている。

消えた王室 2

✲ フランス王国 ✲
(481 〜 1848)

　5世紀後半、ゲルマン人の部族であるフランク人により開かれたメロヴィング朝がフランス最初の王朝であり、フランク諸族を統一したクローヴィス1世が初代国王である。

　2番目の王朝はピピン3世が開いたカロリング朝で、その息子であり初代神聖ローマ皇帝とされるカール大帝は、領土を広げてフランク王国の最盛期を作り上げた。カロリング朝が断絶したのちに登場したカペー朝の時代には、王権の強化が進み、フランスとイギリスによる領土を巡る百年戦争を生き抜いたバロワ朝、ベルサイユ宮殿を建てたルイ14世の活躍したブルボン朝などが続いた。

　1789年、ブルボン王朝と貴族や聖職者による圧制に反発した民衆が起こしたフランス革命により、ブルボン家は王位を追われた。そしてルイ16世は処刑され、その後は政治結社による第一共和政、ナポレオンによる第一帝政などの時代が続いた。ナポレオンが失脚すると王政復古が起こり、ルイ16世の弟であったルイ18世が即位したが、七月革命により再度王位を追われた。

　1830年にはルイ・フィリップ1世によるオルレアン朝が誕生したものの、貧富の差の拡大などで国民の不満が爆発し、たった一代で王朝は倒れ、1848年にフランス王政は終焉を迎えた。

今なお語られる王政復古

　フランスでは今なお、王政復古に期待を寄せる国民が少なくない。最後の王家であるオルレアン家の血筋は脈々と受け継がれており、2019年1月に当主であったアンリ7世が死去した際には、サン・ルイ王室礼拝堂で葬儀が営まれ、各国の王族が参列した。現在、当主の地位はアンリ7世の息子のジャン・ドルレアンに受け継がれ、ジャン4世としてフランス公、パリ伯の称号を受けている。

ベルサイユ宮殿

ルイ・フィリップ1世

モロッコ王国
Kingdom of Morocco

首　都：ラバト
建　国：1956年
公用語：アラビア語
面　積：44.6万km²
人　口：3,574万人
　　　　（2017年 世界銀行）
ＧＤＰ：1,097億ドル
（MER）　（2017年 世界銀行）

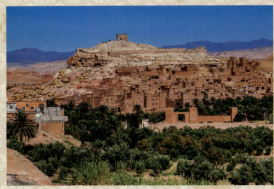
アイット・ベン・ハドゥの集落

モロッコ王国：北アフリカ北西部に位置する。北は地中海、西は大西洋に面している。国の中央部に連なるアトラス山脈によって、気候は大きく3つに分けられる。沿岸地方は地中海性気候、アトラス山脈中央部は大陸性気候、内陸部は砂漠気候だ。就労人口のおよそ4割が農業に従事し、小麦や大麦、ジャガイモ、トマト、オリーブなどが主な農産物だが、水資源に乏しく、その年の降雨量によって収穫量は左右される。大西洋沿岸はイワシなどの回遊魚やタコ、イカ、甲殻類などの水産資源豊富であり、同国はアフリカ大陸でもトップクラスの漁業国である。かつて、日本が輸入するタコの7割がモロッコ産だったこともある。イスラム教国であるが、キリスト教とユダヤ教も禁止はされていない。食文化にも富み、モロッコ料理のクスクス、タジン鍋などは日本でも知られる。古都マラケシュや商業都市カサブランカ、サハラ砂漠など観光資源も豊富である。

現在の国王

現国王名：ムハンマド6世
　　　　（全名：サイディ・ムハンマド）
生年月日：1963年8月21日
　　　代：第23代国王（アラウィー朝）
在　位：1999年7月23日～

系 図

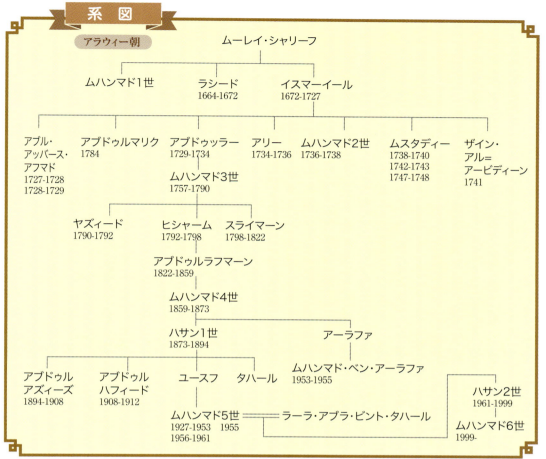

王室の成り立ち／変遷

　北アフリカの先住民であるベルベル人が居住していた地域に、預言者ムハンマドがイスラム教を創始した7世紀頃からアラブ人の移住が加速。イドリース朝、

アラウィー朝3代目の王
ムーレイ・アル・ラシード

紋章の意味

　2頭のライオンに守られた盾の中には、国土の中央部を貫くアトラス山脈と、そこからのぼる太陽が描かれている。盾の中には国旗にも用いられているスレイマンの五芒星が配置されている。スレイマンとは、イスラム教の聖典にも登場する古代イスラエルの第3代王で、神から知恵を授かったとされるソロモン王のこと。五芒星はソロモン王の印とされている。盾の先端には国王の王冠を戴く。下部の帯にはアラビア語で「汝が神を助けるならば、神も汝を助けるだろう」というコーランの一文が綴られている。

中央がムハンマド6世国王、その左がムーレイ・ハッサン王子、国王の右がラーラ・ハディージャ王女

ムラービト朝、ムワッヒド朝などの興亡を経て、1659年にサード朝が倒れたのち、現在も続く王朝であるアラウィー朝がなった。アラウィー朝の時代には「スルターン」として国を統治したが、西欧各国の進出が激しさを増し、鎖国政策を採ったこともあったが、イギリスやフランス、スペインとの不平等条約に苦しめられた。

　1912年、モロッコは主権を喪失し、フランス領モロッコとスペイン領モロッコなどに分割される。当時の国王だったムハンマド5世は、フランスからの独立運動を指導したことで、1953年にはフランスによって廃位された。しかし1955年には復位を果たし、1956年に立憲王政と代議制に基づく国家として独立を達成。モロッコの国民的英雄とされている。

ムーレイ王太子　7歳の誕生日を祝うラーラ・サルマ王妃とムハンマド国王

モロッコの民族衣装であるジェラバで議会に集まった議員たちに拍手で迎えられるムハンマド6世 モロッコ国会の開会に先だちスピーチを行った。

王室の役割

　モロッコ憲法では、国王について「国民の最高の代表者であり、国民の統合の象徴であり、国家の持続と永続を保障するものである」としている。国王は軍の最高司令官であり、宗教上の最高指導者であり、首相及び閣僚の任命権も持つ。1999年に即位した現国王のムハンマド6世は、前国王である父のハサン2世の政策を継承しているが、一方で人事刷新にも着手している。

　2011年には国王の権限を一部、首相及び議会に移譲することなどを定める新憲法が承認され、民主化を進め高い政治的安定を示している。貧困撲滅や失業、雇用などの社会問題と教育問題に関した政策を重視し、国民の人気もある。

国王は日本食贔屓

　ムハンマド6世は日本食贔屓でも知られる。2005年に来日した際、国王に提供する日本食を担当した料理人は、モロッコ大使にどうしてもと乞われ、その後ムハンマド6世専属の料理人としてモロッコに渡っている。国王は〝素材の味が生きたシンプルな料理が好み〟だそうで、まさに日本食がぴったりだ。

ムハンマド6世は、2005年11月30日に東京の赤坂の迎賓館で、上皇陛下と会見した。

イスラムの預言者ムハンマドにつながるアラウィー朝

アラウィー朝の祖とされるマウラーヤ・ハサン・アッダヒールは、預言者ムハンマドの子孫として、モロッコ先住民のベルベル人から敬意を持って迎えられたと伝えられる。預言者ムハンマドは多くの配偶者を持ったが、中でも賢妻として知られるハディージャとの娘、ファティマは、ムハンマドの従兄弟と結婚し、ハサンとフサインという2人の息子をもうけた。このふたりの子孫は、現在まで数多くの家系に分かれて存続しており、ヨルダン王室のハーシム家、モロッコのアラウィー朝もその家系である。つまり、現国王であるムハンマド6世も、預言者ムハンマドにつながる血縁にあるということである。

強力なリーダーシップを発揮したハサン2世

モロッコの国民的英雄、ムハンマド5世の長男として生まれたハサン2世。青年時代はモロッコがフランス保護下にあったことから、フランスのボルドー大学で学び、法学の学位を取得している。その一方で、独立運動の闘士でもあった。父王がフランスによって廃位されたときには、父とともに国を追われ、フランスのコルシカ島に送られている。独立後は父王のもとで参謀総長や国防相、副首相も歴任した。

父王の急死によって32歳で国王となってからは、民主議会制を残しながら、議員選挙の際には国王派の政党を重視するなど、保守的な治世でアラウィー朝の統治を確固たるものとした。

王族も訪れる"光り輝く"宮殿

モロッコ中部の古都マラケシュの旧市街に建つ壮麗なバヒア宮殿は、アラウィー朝ハッサン1世時代の宰相アリの私邸として建てられた。壁や柱、天井にまで緻密な装飾が施され、スペインの古都グラナダにあるアルハンブラ宮殿に勝るとも劣らない芸術作品といわれている。バヒアとは「光り輝く」という意味のアラビア語だ。国王も度々宿泊するという。世界遺産にも登録されている。

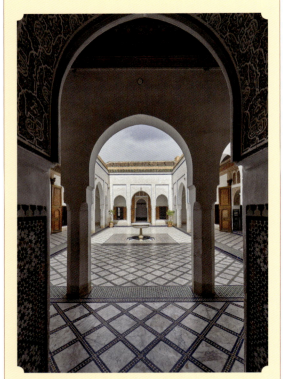

バヒア宮殿

ハサン2世モスク　ハサン2世によって建てられたモロコでも最大級のモスク（カサブランカ）

新しい時代の国王と王室

　ムハンマド6世はハサン2世の長男として誕生。ムハンマド5世大学で学び、法学の学士号を取得している。卒業後は、欧州経済委員会の委員長を務めたほか、皇太子として国内、イスラム諸国、アフリカ諸国との外交に積極的に取り組んできた。国民に寄り添う国王として人気を集めており、公共交通機関を使用したり、自らハンドルを握って車を運転し、単独で地方視察に出かけるなど、モロッコ国王としては前例のない行動が多い。

モロッコ王室史上初、花嫁の姿を公開

　そのあり方は結婚にも表れた。ムハンマド6世は2002年、コンピュータ・エンジニアとして働いていたサルマ・ベナニ嬢（ラーラ・サルマ王妃と改名）と結婚。モロッコ王室初の一般出身の王妃であり、イスラム教でありながらムハンマド6世自身も一夫一婦制を宣言している。

ムハンマド6世とラーラ・サルマ王妃のロイヤルウェディング（2002年7月13日）

　モロッコ王室ではこれまで、王妃は写真すら公開されず、国王の結婚も第1子が誕生するまで公表されないのが常だった。国王の妻はあくまでも〝皇太子の母〟というのが従来の考え方だった。

　しかしムハンマド6世の結婚では、結婚前から王妃の写真やプロフィールが公開され、2人の結婚を祝う式典の様子は、テレビでも放送された。ウェディングドレスにティアラを身に付けたサルマ王妃の姿に、国民は熱狂した。サルマ王妃は公務や外遊にも参加し、自ら「がん撲滅教会」を設立するなど、新しい王室の象徴的存在となっている。

　ムハンマド6世とサルマ王妃の間には1男1女がおり、現在の王位継承順位第1位は長男のムーレイ・ハサン皇太子である。

マレーシア
Malaysia

首　都：クアラルンプール
建　国：1957年
公用語：マレー語、中国語、タミール語、英語
面　積：33万km²
人　口：3200万人
　　　　（2017年マレーシア統計局）
ＧＤＰ：3145億ドル
MER　　（2017年 世界銀行）

マレーシア：赤道付近に位置し、年間の日中平均気温は30度前後。しかし35度を超えることはまれで、朝夕は25度前後と過ごしやすい。モンスーン（季節風）の影響で雨の多い季節があるが、1日中降る事は少なく、1時間前後のスコールが降る。かつてはプランテーションによるゴムやパームの生産が主要産業だったが、1990年代以降は電器・電子産業が盛んになり、製造業がGDPのおよそ3割を占めるようになった。国土の多くがジャングルで覆われているが、一方で首都クアラルンプールには地下鉄やモノレールが整備され、ランドマークとしてそびえたつペトロナス・ツインタワーは地上89階建て、高さ452mと圧巻。世界の高級レストランも進出しているが、屋台文化も定着している。アジア随一の屋台街として知られるジャラン・アローは全長200m。市内には多くの寺院が点在しており、エキゾチックな雰囲気も感じられる。

クアラルンプールの街並み

現在の国王

現国王名：アブドゥラ
（全名：アブドゥラ・リアヤテュディン・アルームスタファ・ビラ・シャー）

生年月日：1959年7月30日
　　　代：第16代国王
在　位：2019年1月31日〜

王室の成り立ち／変遷

＊マラヤ連邦からマレーシアへ

14世紀、マレー半島からスマトラ島の一部を支配したマレー人国家であるマラッカ王国が誕生。マラッカ海峡に面した港湾国家として繁栄したが、16世紀以降はポルトガルなどの支配を受けた。その後、イギリスや日本による占領の時代を経て、1948年には11州で構成されるイギリス領マラヤ連邦が成立。1957年にはマラヤ連邦が独立し、1963年にマレーシアが成立。1965年にシンガポールがマレーシアから独立して現在に至っている。

＊任期制の王位継承

マレーシアは、首都クアラルンプール、ラブアン島、プトラジャヤという3つの連邦特別区と、13の州から成り立っている。この13州のうち、9つの州（ジョホール州・ケダ州・クランタン州・ヌグリ・スンビラン州・パハン州・ペラ州・プルリス州・セランゴール州・トレンガヌ州）には世襲制の君主（スルタン）が存在し、9人のスルタンが持ち回りで国王に就任する決まりとなっている。

マレーシア初代国王　トゥアンク・アブドゥル・ラーマン

アブドゥラ第16代国王の戴冠式（2019年1月31日）

紋章の意味

中央の盾の中には、マレー人伝統の短剣が5本描かれ、その下には国を構成する各州を象徴する色や図柄が描かれている。盾の両側には、力と勇気を象徴するマレーのシンボルの虎が描かれ、下部の帯にはマレー語で「統一は力」（Bersekutu Bertambah Mutu）と綴られている。上部の三日月はマレーシアの主要な宗教であるイスラム教を示し、14個の頂点を持つ星は13の州と首都クアラルンプールを意味している。

1957年のマラヤ連邦独立より続いている制度で、初代国王となったのはヌグリ・スンビラン州のトゥアンク・アブドゥル・ラーマン。国王の任期は5年である。

王室の役割

＊内閣の助言と承認に基づく政治

立憲君主制であるマレーシアの行政権は国王に属しているが、内閣の助言と承認に基づいて行使されるものである。かつては公私に渡って法的責任を問われない免責特権があったが、1993年に憲法改正が行われ、私的行為については免責特権が廃止された。つまり、検察当局やマレーシア国民が国王を提訴することが可能になったということ。公務についてはいまだ国王を提訴することは不可能だが、国王の権限の行使は内閣の承認に基づくため、責任を持つ立場の政府を提訴することは可能である。とはいえ、マレーシアでは街のあちこちに国王とその家族の写真が飾られており、敬愛されていることには間違いなさそうだ。

5年ごとに王が移り住む王宮

首都クアラルンプールには「イスタナ・ネガラ」と呼ばれる王宮があり、国王になったスルタンは住居を王宮に移す決まりとなっている。王室行事や授与式、晩餐会なども王宮で行われ、黄金に輝く門扉の奥に、パステルイエローのドーム型

マレーシア王宮
「イスタナ・ネガラ」
クアラルンプールにある

屋根の王宮を望むことができる。夜になるときらびやかにライトアップされ、一大観光地にもなっている。

王室の歴史上初の途中退任

2019年1月、クランタン州スルタンの国王ムハンマド5世が、即位からわずか2年で退位した。任期5年の途中退位は、1957年から始まった国王の歴史上初めてのことだという。退任の理由は公表されていないが、ムハンマド5世が2018年末に病気療養をしていた際、元ミス・モスクワでモデルのオクサナ・ヴォエヴォディナ嬢と結婚していたことが明らかとなり、制約の多い国王の職務との両立が困難になったのではと伝えられている。

ムハンマド5世　クアラルンプールの国会議事堂での歓迎式典にて

クアラルンプールで最も古いモスク「マスジット・ジャメ」1909年に建てられたモスク。マレーシアの国教はイスラーム教であり、マレー系の国民のほとんどはムスリムである。信仰の自由は認められているので、さまざまな宗教が信仰されている

サッカー好きの新アブドゥラ国王

ムハンマド5世の突然の退位により新国王に選出されたのは、パハン州のスルタン、アブドゥラ氏である。選出のわずか数日前に、高齢の前スルタンであった父の退位を受けて即位したばかりだったが、父王を補佐するために摂政に就いていた期間が長かったという。アブドゥラ国王はサッカー好きとして知られた人物で、FIFA国際サッカー連盟評議員であり、マレーシアのサッカー協会会長を務めた経歴もある。

クウェート国

State of Kuwait

- 首　　都：クウェート
- 建　　国：1961年
- 公 用 語：アラビア語
- 面　　積：17,818km²
- 人　　口：475万人
  (2019年, クウェート市民調査局)
- Ｇ Ｄ Ｐ：1,201億ドル
  (MER)　(2017年, 世界銀行)

クウェート国：アラビア湾の北西に位置し、南にサウジアラビア、北と西はイラクと国境を接し、東はアラビア湾に面している。5～9月の夏の間は日中の気温が45度を超え、7、8月には50度を超える。アラビア湾から吹く風が湿気を運び、湿度が80%を超えることもある。主要産業は石油で、世界第4位の埋蔵量がある。豊かなオイルマネーにより福祉や教育制度が充実し、国民の90%以上が国家公務員や国営企業の社員として働く。失業率は1.2%と低水準。イスラム教国であり、一部のモスクを除いて宗教施設への一般観光客や異教徒の立入を禁止している。飲酒は禁止されており、高級ホテル内でもアルコールを飲むことはできない。また、国内には乗客の飲酒を禁止している航空会社もある。王宮や警察、軍施設、石油施設などの撮影も禁止されている。

クウェート・タワー

現在の国王

- **現国王名**：サバーハ4世
  (全名：サバーハ・アル・アハマド・アル・ジャービル・アル・サバーハ)
- **生年月日**：1929年6月16日
- **代**：第15代首長
- **在位**：2006年1月29日～

系図

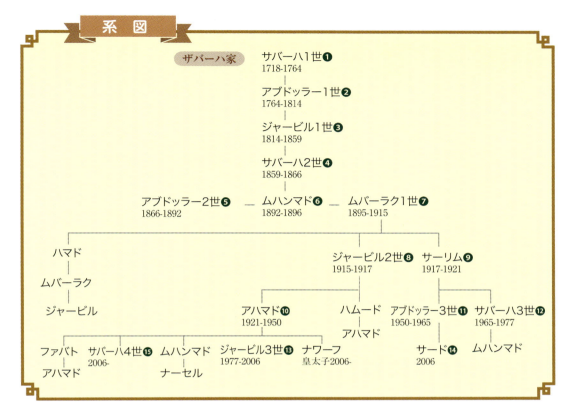

王室の成り立ち／変遷

＊ザバーハ家による統治

18世紀、アラビア半島中央部からベドウィンと呼ばれる勇猛な遊牧民が移住し、オスマン帝国の都市バスラのあった地域に町を建設。造船や貿易を行いながらクウェートの基盤を作ったとされる。1756年、オスマン帝国との交渉役として選ばれたサバーハ・ビン・ジャービル・アッ・サバーハが、サバーハ1世として首長となり、以降はサバーハ家がクウェートの首長家を務めている。

サバーハ1世が描かれているクウェートの切手

紋章の意味

天に向かって翼を広げた黄金の鷹と、その胸には国旗の図柄をデザインした盾。翼の中には、マストに大三角帆を張り、釘を用いず紐やタールによって組み立てられたダウ船が海を渡る様子が描かれている。カタールやアラブ首長国連邦など他の湾岸国家同様、交易により栄えた伝統を表している。ダウ船の上部にはアラビア語で「クウェイト国」と国名が記されている。

*ムバーラク1世による
オスマン帝国からの自立

1896年、第6代首長であり兄でもあるムハンマドを暗殺し、ムバーラク1世が第7代首長となった。

ムバーラク1世は、あえてイギリスの保護下に入り、オスマン帝国からの自立を図った。現に1898年、オスマン帝国がクウェート侵攻を画策したが、イギリスの仲裁で事なきを得た。その後、ムバーラク1世の長男であるジャービル2世、次男であるサーリムが首長を継承し、以降はジャービルとサーリムの子孫が交代で首長を務めることで、サバーハ家による継承が現在まで続いている。

イギリスからの独立を果たしたのは、1961年のことである。

ムバーラク1世

王室の役割

*立憲君主制だが絶対的？

1962年に制定された憲法により、首長は国家元首であり、その地位は不可侵であると定められている。形式上は立憲君主制であるが、内閣の閣僚をサバーハ家が占めているため、事実上は絶対君主制に近い。

首長は内閣を通じて行政権を行使し、首相の任命や罷免権も持つ。また、法律の立案、裁可、公布の権限も持ち、軍の最高司令官であり、防衛戦争の宣戦布告ができる。

湾岸戦争　燃える続けるクウェートのアル・ラウダタイン油田（1991年）

サバーハ4世

真っ先に逃げ出した？ジャービル3世

　第13代首長であったジャービル3世は、父の従兄弟にあたるサバーハ3世時代に首相を務め、伝統的な部族社会から、莫大なオイルマネーによる近代化と、自国の安全確保を図る外交政策に手腕を発揮した。

　ところが1990年のイラクによるクウェート侵攻に遭遇。ジャービル3世は国外逃亡を余儀なくされた。このとき、首長の弟でありアジア・オリンピック評議会の会長も務めていたシェイク・ファハド・ア・サバーハ氏は、宮殿護衛隊と共に機関銃で敵を迎え撃ったものの、射殺されてしまった。ジャービル3世が帰国したのは、湾岸戦争が終結した1991年。勇猛なベドウィンの血を引くクウェート国民の中には、ジャービル3世を敵から逃げ出したと考える者もいた。

ジャーベル3世と村山富市元首相（1995年10月19日）

イギリス王室とクウェート　19世紀末から20世紀はじめにはイギリス王の保護領であったため、イギリスとの関係は今でも深い。

わずか10日間の国王

＊議会による王位の決定

　2006年1月15日、ジャービル3世の死去により第14代首長を継承したのが、第11代首長でサーリム家のアブドッラー3世を父に持つサード・アル・アブドッラー・アル・サバーハ氏。しかし、サード首長は即位時にはすでに重い病に侵されていた。

　クウェートにおける継承は、中興の祖と言われる第7代首長ムバーラク1世

サバーハ4世首長即位が議会で承認

の子孫の男子に限られている。そこで、継承法の規定により議会の全会一致で廃位。第10代アフマド首長の息子でジャービル3世の弟でもあるサバーハ・アル・アハマド・アル・ジャービル・アル・サバーハ氏が、サバーハ4世として首長となった。サード首長の在位期間は、わずか10日間だった。

後継者の高齢化という難題

＊国王は90歳！

現首長のサバーハ4世は、1963年に外務相に任命され、湾岸戦争終結の1991年まで長期間在任した経歴を持つ。その後、第一副首相兼外務相となり、2003年より首相として手腕を振るった。

2019年で90歳を迎え、世界の君主の中ではイギリスのエリザベス女王に次ぐ年長者である。3男1女を持ち、釣りとハンティングが趣味であるという。

＊皇太子は82歳？

現在、同国の皇太子は首長の弟にあたるシェイク・ナッワーフ・アル・アハマドアル・ジャーベル・アル・サバーハ氏で、サバーハ4世の後継とされている。ナッワーフ皇太子は内務相、国防相、社会問題労働相、国家警備庁副長官、副首相などの要職を歴任しているが、すでに82歳であり、首長の継承が成されても短期政権となる可能性が高い。

サバーハ家は高齢化という難題を抱えている。

ナワーフ皇太子

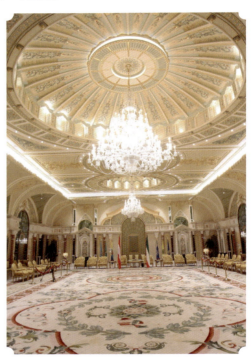

バヤン宮殿内　国際会議などが行われる

バヤン宮殿

グランドモスク（クウェート）

豪華な宮殿とモスク

＊各国首脳が訪れる宮殿

首都にあるバヤン宮殿は、国際会議などが行われるほか、政治の中枢的役割を果たしており、日本の国会議事堂のような場所。国王と各国首脳の会談なども開かれる。

バヤン宮殿のほど近くにあるセイフ宮殿は、国王による賓客の歓迎レセプションなどが開かれ、迎賓館の役割を果たしている。

＊1万人収容の巨大モスク

ステンドグラスや金細工などで装飾されたゴージャスなグランドモスクは、1万人が収容できる巨大な建物。事前予約で見学することも可能で、イスラム諸国では信者しか入ることを許されないモスクが多い中、旅行者が観光できる珍しいモスクだ。

セイフ宮殿（クウェート）

サモア独立国
Independent State of Samoa

首　　都：アピア
建　　国：1962年
公 用 語：サモア語、英語
面　　積：2,830㎢
人　　口：20万人
　　　　　（2017年、世界銀行）
Ｇ Ｄ Ｐ：8.4億ドル
（MER）　（2017年、世界銀行）

サモア ウポル島

サモア独立国：　赤道の南およそ1200kmの南太平洋上に位置するサモア諸島。その西側がサモア独立国である。ハワイ諸島からは4200km、日本からは約8000kmの距離にある。とくに大きな島はサバイイ島（面積1700㎢）とウポル島（1115㎢）。2つの島はおよそ18kmの海峡を挟んでいる。両島ともに火山島で、サバイイ島にはサモアの最高峰シリシリ山（標高1858m）がある。年間を通じて高温多湿であり、降水量は日本の約2倍。年間の平均気温26.5度、湿度は79％である。バナナの葉で挟んだ食材に焼き石をかぶせて調理するウムと呼ばれる伝統料理がある。植物の根をパウダー状にして水に溶かしたカヴァという飲み物も知られている。女性の権限が強い母系社会が特徴。ラグビーが盛んであり、国際試合の前に行う民族舞踏のハカは有名。

現在の国王

現国王名：トゥイマレアリッイファノ・ヴァアレトア・スアラウヴィ2世
生年月日：1947年4月29日
　　　代：第4代国家元首
在　位：2017年7月21日〜

王室の成り立ち／変遷

＊サモアの分割

19世紀まで続いていたサモア人の権力闘争に対し、欧米各国が介入。1899年にはサモア諸島の西側をドイツが、東側をアメリカが領有することとなった。1947年、西サモアの自治体はニュージーランドの支援を受けて議会を設置。1961年には国連に対して独立要請を行い、1962年に「西サモア独立国」の名称で独立。1997年に国名を「サモア独立国」に変更している。一方、東側は「アメリカ領サモア」として現在もアメリカの一部のままとなっている。つまり、サモアは二つに分割されているのだが、とはいえ東西の行き来は盛んである。

＊サモア独立国の成立

サモア独立国では1962年の独立時、国家元首に相当する組織づくりのため高等弁務官とタマ・ア・アイガ（サモアで特別に高い権威を持つ4人の大首長）からなる国務会議を設置。トゥプア・タマセセ・メアッオレとマリエトア・タヌマフィリ2世が選出され、共同という珍しい形でオ・レ・アオ・オ・レ・マーロー（国家元首）に就任した。両者が死去したのちのオ・レ・アオ・オ・レ・マーローの地位については、定員1名で選挙制、任期5年という一般規定が定められた。

南太平洋の国々

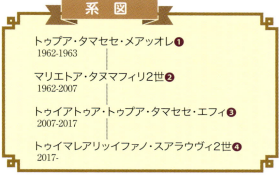

系図

トゥプア・タマセセ・メアッオレ❶
1962-1963

マリエトア・タヌマフィリ2世❷
1962-2007

トゥイアトゥア・トゥプア・タマセセ・エフィ❸
2007-2017

トゥイマレアリッイファノ・スアラウヴィ2世❹
2017-

マリエトア・タヌマフィリ2世

紋章の意味

キリスト教国の象徴として、平和のシンボルであるオリーブの葉と十字架が描かれている。中央の盾には、サモアの名産ともいえるココヤシと、南十字星がデザインされている。下部の帯の文字はサモア語で、「Fa'avae i le Atua Samoa（神がサモアにあらんことを）」と記されている。

王室の役割

国家元首に実質的な権力はなく、すべての国事行為は議会の承認によって行われる。政府は首相と12人の閣僚によって構成され、議会は1院制で49議席からなる。ただし、議員のほとんどはマタイと呼ばれるサモアの伝統的指導者層が占めている。

サモアの4大首長

タマ・ア・アイガ（4人の大首長）は、いずれも特定の家系の世襲制である。それぞれの家系の称号は、「マリエトア」「トゥプア・タマセセ」「マタッアファ」「トゥイマレアリッイファノ」となっている。

独立後初の選挙で選ばれた国家元首

前国家元首のトゥイアトゥア・トゥプア・タマセセ・エフィは、トゥプア・タマセセ・メアッオレとマリエトア・タヌマフィリ2世の死後、初めて選挙によって選出された国家元首である。本来であれば従兄弟がタマ・ア・アイガであったが、死亡によりトゥプア・タマセセの称号を継承した。ニュージーランドのヴィクトリア大学で学び、ニュージーランドとオーストラリアの大学で教鞭を執った経験もある。オ・レ・アオ・オ・レ・マーローの任期は5年とされているが、再選され10年間その地位に就いていた。2017年には、選挙によるふたりめのオ・

ヨアヒム・ガウクドイツ大統領（右）を訪問したトゥイアトゥア・トゥプア・タマセセ・エフィ前国王

レ・アオ・オ・レ・マーローとして、トゥイマレアリッイファノ・ヴァアレトア・スアラウヴィ2世が国家元首に就任している。

ラグビー・サモア代表チームの「シヴァタウ」

サモアはラグビーの強豪国としても知られている。ラグビーの国際試合が始まる前に、選手たちが士気を高めるために行うウォークライ（戦闘の叫び）がこの「シヴァタウ」。サモアの伝統的舞踊のひとつである。ニュージーランド代表チームの「ハカ」、フィジー代表チームの「シピ」も同様に披露されるウォークライである。

ラグビーワールドカップ ウェールズ対サモアでシヴァタウを披露するサモアチーム

消えた王室 3

✳ ハワイ王国 ✳
(1795年～1893年)

　ハワイ島の首長であったカラニオプウの甥にあたるカメハメハが、1795年にハワイ諸島を平定して統一、初代国王となった。もともとはカラニオウプの息子であるキワラオが首長を継いでおり、カメハメハはハワイ島西部のコナなどの地域を譲り受けているに過ぎなかった。しかし、キワラオがカメハメハに戦いを挑んだことで戦争が起こり、カメハメハがこれに勝利してハワイ島統一が果たされたという。

　カメハメハの死後は、長男であるリホリホがカメハメハ2世となり、古代宗教の儀式などを廃止するとともに外交にも力を入れた。しかし外遊先のイギリスで麻疹にかかり死去。当時10歳だった弟のカウイケアオウリがカメハメハ3世となった頃には、カメハメハの妻のひとりであったカアフマヌが摂政を務める時代が続いた。

　ハワイ王国の第8代王にして最後の王となったのは、女王のリリウオカラニ。サトウキビの大規模なプランテーションなどで入植し発言権を増していた白人経営者らによって退位を迫られて王国は廃絶し、1894年、ハワイ共和国が誕生した。

日本の皇室との結婚計画があった!?

　第7代王のカラカウア王は、当時深刻化していた移民問題を解決するため世界各国を歴訪。その際、最初の訪問国となったのが日本であり、当時の明治天皇に謁見し、自身の姪であり養女であったカイウラニ王女と皇族との結婚を提案でしているが、日本政府はこれを断っている。第8代王のリリウオカラニ女王に対し王政廃止を目論む共和制派がクーデターを起こした際には、王国の独立を支持する立場として、日本は不快感を表明している。

ハワイ王宮であったイオラニ宮殿　（オアフ島　ホノルル）

カメハメハ大王像　（ハワイ島カパアウ）

レソト王国
Kingdom of Lesotho

首　都：マセル
建　国：1966年
公用語：英語、ソト語
面　積：3万km²
人　口：223万
　　　　（2017年　世界銀行）
ＧＤＰ：27億ドル
（MER）（2018年　IMF統計）

レソト王国：アフリカ大陸の南端、周囲を南アフリカ共和国に囲まれる形で位置している。首都マセルの気候は、暖かい季節の11月から3月頃にかけては、最高気温が25度程度。もっとも暑い1月でも、平均最高気温は およそ27度。5月から8月の寒い季節には雪が降ることもあるが、1日の平均最高気温は18度を下回る程度で、年間を通じて快適な気候である。主な産業のひとつが繊維産業で、主にウールで作られたバソトブランケットという厚い毛布を体に巻き付ける民族衣装が作られている。バソトハットと呼ばれる伝統的な円錐形の帽子は、国旗の中央にも描かれている。国土のほとんどが山岳地帯であり、標高が最も低い地域でも1400m、80％以上が1800mを越えているため、「天空の王国」ともいわれる。天然資源にも恵まれていないが水は豊富で、水力発電用のダムが建設されている。電力についてはほぼ自給し、余剰電力は南アフリカに販売している。山岳国家ならではの絶景が残されており、アフリカ大陸一の最大落差192mを誇るマレツニャーネの滝などがある。

マレアレア　放牧

現在の国王

現国王名：レツィエ3世
　　　　（全名：デイヴィッド・モハト・レツィエ・ベレン・セーイソ）
生年月日：1963年7月17日
　　代：第4代国王
在位：第2代：1990年11月12日～1995年1月25日、
　　　第4代：1996年2月7日～

系図

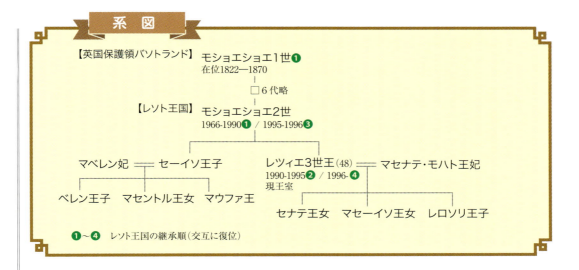

【英国保護領バストランド】モショエショエ1世 ❶
在位1822—1870
└ 6代略
【レソト王国】モショエショエ2世
1966-1990 ❶ / 1995-1996 ❸

マベレン妃 ══ セーイソ王子　　　レツィエ3世王 (48) ══ マセナテ・モハト王妃
　　　　　　　　　　　　　　　1990-1995 ❷ / 1996- ❹
　　　　　　　　　　　　　　　現王室
ベレン王子　マセントル王女　マウファ王　　セナテ王女　マセーイソ王女　レロソリ王子

❶〜❹ レソト王国の継承順（交互に復位）

王室の成り立ち／変遷

初代国王は、1818年にソト族の長となったモショエショエ1世。1868年、イギリスの保護領となり、イギリス領バストランドと呼ばれる時代が続く。1966年にイギリスからの独立を果たし、バストランド首長であったモショエショエ2世が国王となってレソト王国を建国した。しかし、同国ではたびたびクーデターが起こり、モショエショエ2世は在位中の1970年と1990年の2度にわたって亡命を余儀なくされている。亡命の間、国王を務めたのは息子のレツィエ3世。

一度目の亡命の後、帰国したモショエ

モショエショエ1世（年代不明）

紋章の意味

川が流れる大地の上に、ワニが描かれたソト族の盾。ワニは水中で生活しながら陸上で空気を吸うことができるため、アフリカでは異なる環境下でも生き抜く適応力の象徴とされている。盾の左右を馬が支え、その後ろには武器としての槍や棍棒が配置されている。下部の帯に綴られているのは、ソト語で平和と雨と繁栄を意味する「KHOTSO, PULA, NALA」の文字である。

ショエ2世は実権を持たない王となり、レツィエ3世は皇太子に戻っている。2度目の亡命時もレツィエ3世が国王となり、他国の介入でクーデターが沈静化した後は、レツィエ3世自身が憲法の停止及び議会・内閣の解散を一方的に宣言し、1995年にモショエショエ2世が王位を復帰している。しかし翌年の1996年、モショエショエ2世が交通事故で死去したことを受けて、レツィエ3世が再び国王となり、現在に至っている。

レツィエ3世のロイヤルウェディング

王室の役割

＊政治権力を持たない国王

　レソトは議院内閣制の立憲君主制国家である。国家元首は国王であるが、政治的な権限はなく、儀礼的な役割りのみをもつ。行政府の長である首相が内閣を総括している。王位の継承はセーイソ家の世襲であり、現在の国王レツィエ3世は先代の国王モショエショエ2世の息子（長男）で、初代国王モショエショエ1世の直系の子孫である

＊東日本大震災後に来日した国王夫妻

　王室の活動としては、外交が主な公務となっている。1989年2月に皇居で執り行われた昭和天皇の大喪の礼には、当時国王の座についていたモショエショエ2世が参列した。2016年には、レツィエ3世がマセナテ・モハト・セイーソ王妃とともに訪日し、東日本大震災で被災した福島県相馬市を訪問。相馬市役所で内堀雅雄福島県知事と会談し、「今後も東日本大震災の被災者に気持ちを寄り添っていく」と述べている。滞在中は慰

レソト国王夫妻、相馬市を訪問し慰霊　レツィエ3世国王と王妃が福島県相馬市を訪れ、伝承鎮魂記念館で佐藤副市長（右）から案内を受けた（2016年11月26日　福島民報社／共同通信イメージズ）

霊碑への献花や公園での植樹なども行った。

初の民間出身の王妃

レツィエ3世の妻であるマセナテ・モハト・セイーソ王妃は、レソトの王室で初めての民間出身の女性である。レソト国立大学で学んだ王妃は、24歳でレツィエ3世と結婚。結婚の式典は首都マセルにあるサッカーの試合などが行われるセツォト・スタジアムで行われ、国内外から4万人が招待された。国王と王妃は2男1女をもうけている。

母の意思を継ぎ慈善活動に熱心なセイーソ王子

モショエショエ2世の次男であり、レツィエ3世の弟であるセイーソ王子は、レソトの上院議長を務め、イギリスのレソト高等弁務官として活躍した。

セーイソ王妃

2006年には、イギリスのヘンリー王子とともに、レソトでHIVに感染した子供たちを支援する慈善団体「サンタバリー」を設立している。サンタバリーとはレソトの公用語であるソト語で「私のことを忘れないで」という意味を持ち、生前にエイズ問題に取り組んでいたヘンリー王子の母であるダイアナ元妃と、子どもの貧困問題に取り組んでいたセイーソ王子の母であるマモハト王妃を記念して名付けられたという。

イギリスのヘンリー王子とともに国内の慈善事業に取り組むセーイソ王子

(旧国名：スワジランド王国)
エスワティニ王国
Kingdom of Eswatini

- 首　都：ムババネ
- 建　国：1968年
- 公用語：英語，スワジ語
- 面　積：1.7万km²
- 人　口：136万人（2017年 世界銀行）
- ＧＤＰ（MER）：28億ドル（2017年 世界銀行）

エスワティニ王国：南アフリカ共和国とモザンビークに囲まれたアフリカ大陸南部の国。西部は平均高度1500mの高原地帯、東部は草原地帯である。11から3月は雨季で降水量は1900mmに達することがある一方、5から9月は乾季となる。人口の8割は農林業に従事し、サトウキビ、トウモロコシ、綿花などが主要な農産物。工業も盛んで、地下資源ではアスベスト、石炭が産出される。南アフリカへの出稼ぎも多い。1960年代の密猟により多くの野生動物が絶滅の危機に瀕したが、その後の保護活動で復活の兆しが見える。

ルボンボ地区、フラネロイヤル国立公園

南東部のムカヤ動物保護区では、クロサイやシロサイが生息し、これらの動物がアフリカでもっとも観察しやすい場所ともいわれる。観光産業にも力を入れており、マンテンガ滝やムルリワネ野生保護区のあるエズルウィニ渓谷周辺には、高級ホテルも建ち並ぶ。

現国王名：ムスワティ3世
　　　　　（全名：マコセティブ・ドラミニ）
生年月日：1968年4月19日
　　　代：第8代国王
　　在位：1986年4月25日〜

現在の国王

王室の成り立ち／変遷

＊スワジ王国の成立からイギリスの保護領へ

スワジ人の部族のドラミニ首長により、19世紀にスワジ王国が誕生した。南アフリカからジンバブエにかけて広範囲に居住するズールー人に対抗するため、広範囲に居住するズールー人に対抗するため、19世紀中ごろからはイギリスに援助を求め、1902年にはイギリスの保護領となった。しかし1921年、22歳で国王となったソブーザ2世は、当時のイギリス国王ジョージ5世と会談し、スワジ人の土地を返還するよう求めた。

＊イギリスからの独立、エスワティニ王国へ

1968年、イギリス保護領から独立を果たすと、ソブーザ2世は部族の慣習を強化し、イギリス指導で制定された憲法を停止して1978年に新憲法を制定。国王親政を復活させた。豊富な天然資源を活用して経済成長も実現させたが、83歳で死去。当時14歳だった息子のマコセティブ王子に王位を継承し、マコセティブ王子は18歳で即位してムスワティ3世となった。

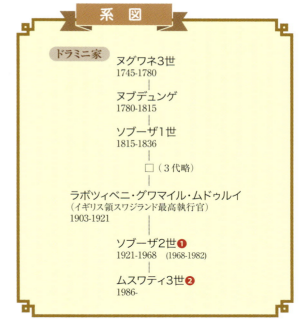

系図

ドラミニ家 — ヌグワネ3世
1745-1780

ヌブデュンゲ
1780-1815

ソブーザ1世
1815-1836

□（3代略）

ラボツィベニ・グワマイル・ムドゥルイ
（イギリス領スワジランド最高執行官）
1903-1921

ソブーザ2世 ❶
1921-1968　(1968-1982)

ムスワティ3世 ❷
1986-

チャールズ皇太子とムスワティ3世（1997年10月17日）

紋章の意味

王を表すライオンと、女王を表す象が、南アフリカ周辺に出自を持つンゴニ族の伝統的な盾を支えている。盾の上には収穫祭で用いられる羽根のついた王冠を戴く。盾の下の帯に綴られているのは、同国のモットーとされる〝我々は巨大な要塞なり〟という意味のスワジ語「Siyinqaba」。

王室の役割

＊絶対君主？の王国

　世界でも数少ない絶対君主制ともいえる王制の国で、国王が行政権や立法権を持つ。行政権は首相にあるとされているが、国王は政党を解散する権限を持ち、議会の決定を拒否することも認められているなど、強大な権限を持っている。最高裁判所長官も国王によって任命される。

米アフリカ首脳会議　アメリカの大統領主催の晩餐会に出席するムスワティ国王夫妻

国王が国名の変更を宣言

＊スワジ語の国名、「スワジ人の場所」

　2018年4月19日の独立50周年記念式典において、国王であるムスワティ3世が「私はこの国の名前を元に戻す」と演説し、スワジランド王国から「エスワティニ王国」と改めることを宣言した。スワジランドは1968年にイギリスから独立した際に付けた国名であり、英語の「ランド」を掛け合わせて「スワジ人の国」という意味を持っていた。今回ムスワティ3世は、スワジ語のみで「スワジ人の場所」という意味のエスワティニを国名にした。

ソブーザ2世（中）の妻（右）と娘（左）

200人以上の子女があったソザーブ2世

＊一夫多妻制の国

　一夫多妻の習慣があり、摂政時代も含めて80年以上も在位したソブーザ2世には、70人の王妃と210人の王子・王女がいたとされている。1982年に死去した直後は王位継承をめぐって王族内の

ロジナ宮殿　王族の住まい（エスワニティ・ロバンバ）

対立が激化したが、国王を選定する王室諮問評議会が開かれ、多くの王子の中からムスワティ3世が選ばれた。

王妃の権限で次の王が決まる？

＊後継者の摂政として君臨？

同国には、国王と母后の共同統治という変わった習慣がある。国王が亡くなった際、大きな権力を持つのが亡き国王の妻であった王妃たち。幼い息子が次期国王に選ばれると、成人までの間、母后が摂政を務めてきた。ソブーザ2世亡き後の後継者争いでは、第一王妃ではなかったヌトンビ王妃の息子が後継者として選ばれ、成人するまで母后が摂政を務めた。

偉大な父王の政策を継ぐか、転換するか

ムスワティ3世は皇太子時代にイギリスで学び、国王に即位してからは父王が解散した議会も復活させ、首相からの助言を受けるなど、民主化を進めているようにも見える。2004年には言論と集会の自由を認める新憲法も制定しているが、国王専制に反する野党勢力を取り締まるなど、相反する政策も行っている。父王には及ばないが、すでに15人の妻を持ち、子女は23人に及んでいる。

15～49歳の国民のうち、エイズウイルス（HIV）感染者が27％に達しており、世界でも最も高いレベルとなっている。生産者人口の減少にもつながっており、国王の頭を悩ませている。

エスワティニ伝統のリード・ダンス祭り　エスワティニ各地から数万人の少女や未婚女性たちが、「リード」と呼ばれる長さ数mの葦を持って王宮に集まる。一夫多妻の王の前で踊り（「リード・ダンス」ともいわれる）を披露し、王はその中から新しい妻を1人選ぶともいわれる

伝統的な衣装で踊る女性たち

日本とエスワティニ安全な水の確保に

エスワティニ王国の 多くを占める農村部では家ごとの給水設備がなく，近くの井戸や河川から生活用水を得ている。干ばつになるとその河川や貯水池までが干上がる。近場で水が得られないと，水汲みを担当する女性や子どもたちは、生活用水を得るために毎日片道5km先の井戸まで歩いて水汲みをすることになっている。このような状況を解決するため、日本は国際NGOの給水設備を導入する計画に対し資金協力を行った。設置された給水設備により、1,500人の住民が安全で清潔な水へアクセスできるようになり、衛生環境が大きく改善された。

（外務省ホームページより）

カタール国
State of Qatar

首　都：ドーハ
建　国：1971 年
公用語：アラビア語
面　積：377,973.89㎢
人　口：271 万人
　　　　（2018年4月／カタール開発計画・統計省）
ＧＤＰ：1,669 億ドル
（MER）　（2017年／IMF推計）

カタール国：アラビア半島東部の海に突き出た半島形の国。南はサウジアラビアと国境を接し、ペルシャ湾を挟んで北はイラン、東はアラブ首長国連邦、北西はバーレーンと向かい合う。7、8月の夏には、昼間の気温が50度を超えることもある。国土の大部分は砂漠地帯だが、輸出の大半を石油と天然ガスが占め、一時は1人当たりのGDP値が世界第1位となった。国民には所得税がかからず、医療費や電気代、電話代などが無料である。農産物では、大麦やトウモロコシ、トマトなどの栽培も盛ん。豊富なオイルマネーを背景に、サッカーのプロリーグであるカタール・スターズリーグはヨーロッパの有名選手を多数獲得している。

ドーハの高層ビル群

現在の国王

現国王名：タミーム・ビン・ハマド・アール・サーニー
生年月日：1980 年 6 月 3 日
　　　代：第 4 代国王 第 8 代首長
　　在位：2013 年 6 月 25 日〜

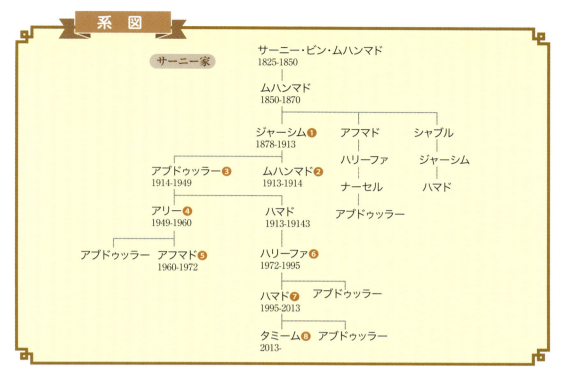

王室の成り立ち／変遷

＊カタールの自主権とイギリスとの保護条約

　16世紀以降、アラビア半島から移住してきたアラブ人がカタール人の先祖と伝えられる。現在も続く王家のサーニー家の創始者は、1825年に同家を興したサーニー・ビン・ムハンマドとされる。

　1913年、イギリス・トルコ協定でカ

2009年のカタール建国記念日を祝う王族たち

紋章の意味

　中央には、アラビア・ペルシャ起源の湾曲した刀である新月刀(シミター)が交差し、その上に海と波を表す青と白の線。海に浮かぶのは、かつてカタールの重要な産業だった真珠採りに使われたダウ船と、貴重な食料源だったナツメヤシの木が描かれている。周囲を囲むのは、国旗と同様の白と茶色の図柄。上部にはアラビア文字で「カタール国」と書かれ、下部には英語でState of Qatarと書かれている。

カタールのタミーム国王と息子のハマド王子（2018年7月6日）

カタールの前首長ハマド・ビン・カリファ・アル・タニとモーザ妃（ハマド前国王の第2夫人）

タールの自主権が認められ、1916年には当時の第3代首長であったアブドゥッラーがイギリスとの保護条約を締結。イギリスの保護下に入ることとなった。1968年、イギリスがスエズ以東から軍事撤退を行い、1971年9月3日、カタールは独立を達成する。

＊**政治手腕と政権の奪取**

独立以降は、当時のアフマド首長を中心に国造りが進められたが、その行政手腕に対して王族の間で不信感が広まった。1972年、アフマド首長の従兄弟であるハリーファ・ビン・ハマド・アール・サーニーは、首長の不在中にサーニー家の支持を取り付け、新首長に就任。ハリーファ首長は、石油化学などの産業基盤の建設による工業化を進めたが、1995年の外遊中、イギリスのサンドハースト士

第28回定期サミット　タミーム首長（2017年3月29日）

カタール首長が訪米　トランプ大統領と会談（2019年7月9日）

官学校を卒業し皇太子兼国防相として実力をつけていた息子のハマド・ビン・ハリーファ・アール・サーニーに政権を奪取された。

＊皇太子への権限委譲

1996年、ハマド首長は3男のジャーシム殿下を皇太子に指名したが、退位の意向を受け、2003年に4男のタミーム殿下を新皇太子に指名。2013年、ハマド首長はタミーム皇太子への権限委譲を表明し、タミーム皇太子が新首長に即位した。

王室の役割

＊三権分立の立憲君主国

三権分立の立場を取り、民主主義や女性参政権の保障などを謳っているが、実際にはサーニー家が強い権力を持つ。議会の45議席のうち、30議席は直接選挙だが、15議席は首長による任命制。石油と天然ガスの開発にも取り組み、国政全般を取り仕切っている。

円滑な世代交代を実現させた前首長

＊ハマド前首長の功績

石油収入から巨額な資金流用をしていたとされる、父・ハリーファ首長から政権を奪取したハマド前首長は、裁判により流用資金の返還を約束させたことで国民の支持を集めた。また、およそ60年にわたってバーレーンと領有権を争っていた、ペルシャ湾の小島群を巡る国際司法裁判所の判決を受け入れ、近隣諸国と

の融和にも努めた。青少年教育の充実を図り、欧米の大学や研究機関の招致にも積極的に取り組むとともに、スポーツ振興にも努めた。その結果、国内でカタール・トータル・オープン（テニス）やカ

カタール国際ユーストーナメント（当時）で優勝した日本（2006年2月1日）現在はカタール国際親善トーナメントに変わった

カタール・女子オープンとも呼ばれるテニスの大会

「ドーハの悲劇」

日本では、カタールで行われた1994 FIFAワールドカップアメリカ大会のアジア地区最終予選において、試合終了間際のロスタイムでイラク代表に敗れ、初めてのワールカップ出場の夢が断たれた「ドーハの悲劇」の出来事により、「ドーハ」がより広く認知されるようになった。

1993年10月28日（ドーハ、アルアリ・スタジアム）

タール国際ユーストーナメント（サッカー）などの国際大会も実現している。

*タミーム皇太子への世代交代

ハマド前首長には3人の妻と、24人の子女がいる。一夫多妻の国であることから、世代交代に際しては、クーデターが続いていたが、2013年、ハマド首長はタミーム皇太子への権限移譲を表明し、タミーム皇太子が新首長に即位した。

33歳で即位した若き新首長

*タミーム新首長の生い立ち

タミーム首長は、イギリスのシェルボルン高校卒を卒業したのち、同サンドハースト陸軍士官学校で学んだ。

2003年に皇太子に即位してからは、国軍最高副司令官、最高教育評議会議長、最高保健評議会議長、環境・自然保護区のための上級委員会委員長、情報・通信

タミーム首長

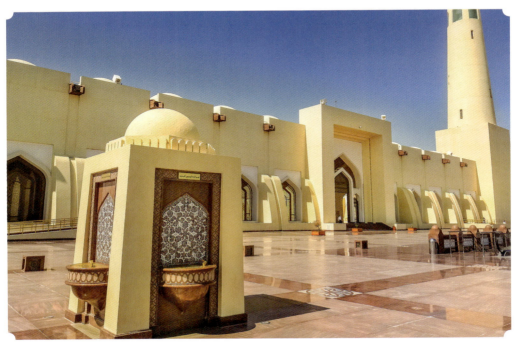

ステートグランドモスク（カタール）

技術最高評議会議長、カタール・リーダーシップ・センター長などを務めた。

2005年に最初の妻と結婚し、現在は3人の妻との間に7男5女を持つ。

＊新首長の政策への期待

2013年に33歳で首長に即位してからは、国軍最高司令官、経済問題・投資最高評議会議長、調整・フォローアップ最高委員会委員長、カタール投資庁取締役会会長としても手腕を振るっている。鷹狩りやスポーツ全般を趣味とし、カタール・オリンピック委員会委員長も務める。

皇太子による首長宣言

カタールでは、首長の崩御もしくは首長としての機能を果たすことが不可能となった場合に、首長評議会が首長の座位が空席になったことを決定。閣僚評議会と諮問評議が首長の空位を宣言し、皇太子が首長となることを宣言して王位継承が成される。

タミーム首長のご褒美（ボーナス）

初のサッカーアジアカップ制覇を成し遂げたカタールチーム。2022年のワールドカップの誘致に成功し、サッカーへの関心が高まる中で手にした栄光に国中が大騒ぎとなり、盛大な優勝セレモニーが執り行われた。タミーム首長は、このカタール代表チームに、ツイッターで歓喜のコメントを残し、さらに選手たちに対して特別なボーナスを用意した。

①ロンドンにあるアパート、②約200万ポンド(約2億8600万円)のボーナス、③生涯にわたり毎月支給されるサラリー、④レクサスの最新モデル、⑤首長との会食。すべての選手がこのボーナスを手にすることになる。

2019 AFC アジアカップ カタールが初優勝

シェイク・タミム・ビン・ハマド・ビン・カリファ・アルタニの宮殿

ブルネイ・ダルサラーム国
Brunei Darussalam

首　都：バンダル・スリ・ブガワン
建　国：1984 年
公用語：マレー語
面　積：5,765km²
人　口：42.1 万人
　　　　（2017年　ブルネイ首相府）
Ｇ Ｄ Ｐ：140 億ドル
(MER)　（2018年 IMF統計）

ブルネイ・ダルサラーム国：東南アジアの国。ボルネオ島の北部にあり、北側は南シナ海に面し、それ以外はマレーシアに取り囲まれている。正式な国名の「ブルネイ・ダルサラーム」とは「永遠に平和なブルネイ」という意味。国土全体が熱帯雨林気候で、首都のバンダル・スリ・ブガワンは年間を通して最高気温が 32 度前後、最低気温が 23 度前後、年間降水量は 3000mm にもなる。主な産業は石油と天然ガスの輸出で、経済のほとんどをそれらの輸出で占めている。一方、食糧のほとんどは輸入に頼っている。経済は非常に豊かだが、資源依存からの脱却を図るため、太陽光発電やメタノール製造など産業の多様化も進めている。近年注目されているのが、イスラム教の法に則った食品である、大豆を原料とするハラルフードの製造と輸出である。地元の乳飲料メーカーと日本のベンチャー企業の合弁会社も設立されている。ブルネイのハラルフードは宗教省が直接の認証機関となり厳格なチェックを行っていることから、信頼性が高いとして世界のハラル市場から評価されている。

バンダル・スリ・ブガワンの町

現在の国王

現国王名：ハサナル・ボルキア
　　　　（全名：ハサナル・ボルキア・ムイザディン・ワッダラー）
生年月日：1946 年 7 月 15 日
　　　代：第 29 代国王
在　位：1967 年 10 月 4 日～

王室の成り立ち／変遷

＊ブルネイ王朝の成立

　ブルネイの王室の歴史は古く、東南アジアでは最古の王室のひとつである。15世紀にムハンマド・シャーが初代国王に即位し、ブルネイ王朝が成立。現代に続く国家の基礎を形作った。16世紀にはボルネオ島とフィリピン南部、そしてインドネシアの一部までを統治し、海洋帝国として発展。第5代ボルキア国王の時代に最盛期を迎える。

＊イギリス保護国化から独立へ

　しかし17世紀以降は、ヨーロッパ各国による東南アジアの植民地化が進み、ブルネイも領土縮小に追い込まれた。1888年にはイギリスと保護協定を結び、外交はイギリスが担当。1906年には内政を含めてイギリスの保護領となった。第二次世界大戦中には日本軍の勢力下に入った。独立国としての主権を回復したのは1984年である。

王室の役割

　国王は宗教上の権威であり、首相、国防相、財務経済相、外相を兼任する。

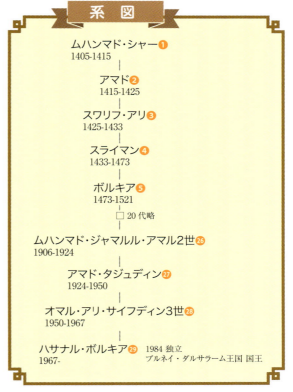

系図

ムハンマド・シャー ❶
1405-1415
│
アマド ❷
1415-1425
│
スワリフ・アリ ❸
1425-1433
│
スライマン ❹
1433-1473
│
ボルキア ❺
1473-1521
　　□ 20代略
│
ムハンマド・ジャマルル・アマル2世 ㉖
1906-1924
│
アマド・タジュディン ㉗
1924-1950
│
オマル・アリ・サイフディン3世 ㉘
1950-1967
│
ハサナル・ボルキア ㉙　1984 独立
1967-　　　　　　　　ブルネイ・ダルサラーム王国 国王

ナーシルッディーン・ムハンマド・ラウシャン・アフタール（ムハンマド・シャー）

紋章の意味

　国王にかざされる傘と、その上に立つ旗は権威を示す。傘の下の翼は、平穏や安定、繁栄を意味する。土台となる三日月はイスラム教、全体を包み込む左右の手は国民を守る政府を象徴している。三日月の中には、アラビア文字で「神の加護のもとに栄えん」、下部の帯には国名である「永遠に平穏なるブルネイ」と記されている。王室の紋章として定着した。

ボルキア国王69歳の誕生日の祝賀　左は第1王妃のサレハ王妃

　ブルネイ・ダルサラーム国は、立憲君主制の国であるが、独立以来、国王が国政全般を掌握している。1984年の独立以降停止されていた立法評議会は、2004年に再開。2011年には憲法が改正され、評議員の一部を選挙で選出することも規定された。ただし、石油と天然ガスという豊富な天然資源に恵まれ、医療費や教育費は無料、所得税はなく、給与水準も高いなど国民にも恩恵が行きわたっているためか、これまで選挙が実施されたことはなく、国王が評議員を任命しているにも関わらず、政情は安定している。

国王の生い立ち

＊21歳で国王に即位

　「世界一の富豪」としてギネスに認定されたことがあるハサナル・ボルキア国王。ボルキアの名はブルネイの黄金神代を築いた第5代国王から取られたという。前国王である父のオマール・アリー・サイフディーン3世の時代はイギリスの保護領であり、平和な時代が続いていた。現国王はマレーシアのパブリックスクール、イギリスのサンドハースト陸軍士官学校で学んだ。また学生時代の19歳の頃、従姪のペンギラン・アナク・サレハ嬢と結婚している。1967年、父王

が退位し、21歳のハサナル・ボルキア国王が誕生。現在は3人の王妃との間に5男7女の子女がある。1998年、サレハ王妃との間に生まれた長男のアルムタデー・ビラが皇太子に即位している。皇太子は上級大臣として筆頭閣僚の地位にある。

ブルネイ王室に日本人の血

ハサナル・ボルキア国王には3人の王妃がいるが、第2王妃のペンギラン・イステリ・マリアム王妃はロイヤルブルネイ航空の元キャビンアテンダント。マリアム王妃の母親はブルネイ人だが、父方の祖母が日本人であり、祖父はイギリス人である。第二次世界大戦中に日本軍の勢力下に入った歴史から、国民の間にはマリアム王妃との結婚を反対する声もあった。しかし、ハサナル・ボルキア国王は王妃のために宮殿を作り、そこには子どものための動物園や日本庭園もあった。王妃は国際問題への関心も高く公務にも積極的に参加し、1989年には国王とともに非公式で来日も果たしている。しかし、国王はマリアム王妃とは2003年に、第3王妃のアズリナ・マズハルハキムとは2010年に離婚している。

桁違いの大富豪である国王

アメリカの経済誌「フォーブス」では、2008年、ハサナル・ボルキア国王の個人資産を200億ドルと見積もっている。実際、国王の富豪ぶりをうかがわせるエピソードは数多い。飛行機を操縦するこ

ビラ皇太子のロイヤルウェディング

中央がマリアム王妃

ブルネイ・ボルキア国王 即位50周年 晩餐会開催

とが趣味であり、ボーイング747を始めとする旅客機や、ヘリコプターも多数所有。ジャグジーを備え付けた特注のジャンボジェット機も持っていたが、気に入らないからとすぐに処分してしまったという。また、車の収集も趣味であり、メルセデス・ベンツやフェラーリ、ポルシェ、ロールスロイスなど所有する名車は350台以上。騎馬競技のポロもお気に入りで、冷暖房完備の厩舎に300頭の馬を飼っているという。

世界最大と謳われる宮殿

国王の居城であるイスタナ・ヌルル・イマンは、国王の公式の住まいであり、イギリスのバッキンガム宮殿をしのぐ規模だと言われている。部屋の数は実に1788室、トイレだけでも257か所あり、王座のあるホールにはひとつ1tもあるシャンデリアが12個下がっている。5000人収容する饗応室、1500人収容のモスクがあり、壁面に使用されたイタリア大理石だけでも延べ5.6haという規格外の規模である。宮殿にはブルネイ政府機関もあり、謁見室や国賓室なども宮殿の中にある。一般人が立ち入ることはできないが、イスラム教で断食月（ラマダン）の終了を祝う祭りの際にのみ開放される。

イスタナ・ヌルル・イマンの内部

ブルネイの王宮　イスタナ・ヌルル・イマンの外観

消えた王室 4

＊ロシア帝国＊
(1721～1917)

大国としてのロシアの基礎を固めたのは、1682年から1725年にかけて国を治めたピョートル1世である。当時の領土はおよそ2000万km²にも及び、人口は1億を越えていたという。

ピョートル1世が死去すると、農民の出身でありながらピョートル1世に寵愛されたエカチェリーナが、エカチェリーナ1世として即位。ロシア史上最初の女帝となった。1727年にエカチェリーナ1世が死去すると、ピョートル1世の最初の妻との息子の子が、ピョートル2世として即位する。しかし、わずか15歳で死去。エカチェリーナ1世の娘であるエリザヴェータ、エリザヴェータの甥であるピョートル3世などが王位を継承したのち、ピョートル3世の皇后であったエカチェリーナ2世が第8代皇帝となる。彼女はロシアを近代国家に押し上げ、自由経済の促進や教育・医療施設の建設、出版文芸の振興などに手腕を発揮した。現在のモスクワにあるボリショイ劇場や、サンクトペテルブルクにあるエルミタージュ美術館（当時は宮殿）の建設に着手したのも、エカチェリーナ2世である。

一方で、私生活では数多くの愛人を持ったことでも有名で、その数は10人とも数百人とも伝えられている。以降、1917年に14代のニコライ2世が革命勢力によって倒されるまで、ロシア帝国の皇帝はピョートル3世とエカチェリーナ2世の第一皇子パーヴェル1世の男系子孫が務めた。

ピョートル大帝像

エカチェリーナ宮殿

バーレーン王国
Kingdom of Bahrain

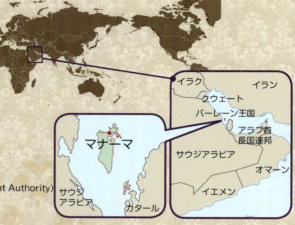

首　都：マナーマ
建　国：2002年
公用語：アラビア語
面　積：769.8㎢
人　口：150.3万人
　　　　(2018年, Information & eGovernment Authority)
Ｇ Ｄ Ｐ：383億ドル
(MER)　　(2018年IMF推計)

バーレーン王国：大小33の島々からなり、主要な島はバーレーン本島、ムハッラク島、シトラ島の3島。国土のほとんどが平坦な地形で、本島中央部の丘陵部分でも最も高いところが標高137m程度である。人口のうちバーレーン国籍を持つ者は半数以下で、それ以外は外国人労働者が占めている。主要輸出品目は石油、アルミニウム製品、鉱石など。2018年に大規模な油田及びガス田が発見され、政府が開発を進めている。イスラム教国である一方、他の湾岸諸国と比較すると戒律はやや緩やか。そのため、アルコール類の購入やレストランなどでの飲酒も可能。近年では観光産業にも力を入れている。ただし、空港や王族・政府関係施設は原則写真撮影禁止となっている。現地の人に対して断りなくカメラを向けることはトラブルの原因になりやすい。サウジアラビアの東海岸とは、4車線・全長25kmの海上橋で結ばれている。

バーレーンの世界貿易センタービル

現在の国王

現国王名：ハマド・ビン・イーサ・アール・ハリーファ
生年月日：1950年1月28日
　　　代：初代国王
在　位：2002年2月14日〜

王室の成り立ち／変遷

＊ハリーファ家の統治

18世紀、アラビア半島から移住したシェイク・アフメド・ビン・ムハンマド・アール・ハリーファにより国の基礎が作られ、以降ハリーファ家が首長を務めてきた。かつては、君主が統治の全権能を所有し、自由に権力を行使する絶対君主制を取っていた。しかし、民主化を求める国民の声を受け、ハリーファ家11代当主であるハマド・ビン・イーサ・アール・ハリーファ首長（現国王）が政治改革に着手。

＊立憲王政への転換

2002年2月に憲法改正を行い、王制へと移行して首長が初代国王となった。二院制国民議会を設置して普通選挙による代議院選挙を実施し、内閣には国王によって任命される首相を置くなど、民主化路線を進めている。

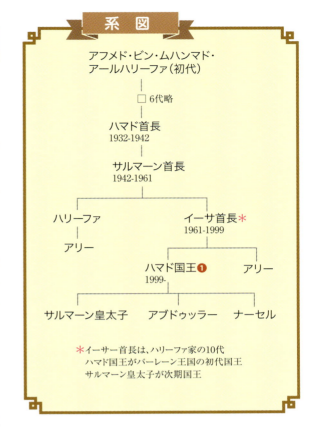

系図

アフメド・ビン・ムハンマド・アールハリーファ（初代）
│
□ 6代略
│
ハマド首長 1932-1942
│
サルマーン首長 1942-1961
├── ハリーファ
│   └── アリー
└── イーサ首長＊ 1961-1999
    ├── ハマド国王❶ 1999-
    │   ├── サルマーン皇太子
    │   ├── アブドゥッラー
    │   └── ナーセル
    └── アリー

＊イーサー首長は、ハリーファ家の10代
ハマド国王がバーレーン王国の初代国王
サルマーン皇太子が次期国王

王室の役割

国王は、司法・立法・行政の三権を掌握する権能を持つ。また、バーレーン国防軍の最高司令官でもある。首相や国民議会評議院議員は、国王が任命する。また、裁判所の判事も国王が議長を努める高等裁判評議会の建議に基づいて任命される。すべての公務員や軍事要員、諸外国や国際組織への国家代表を任命するのも国王である。

また、憲法改正や法律の承認と発布、条約の締結、戒厳令の発布、国民議会の召集と開会も行う。

紋章の意味

中央の盾はバーレーンの国旗を縦にデザインしたもの。白いギザギザの5つの頂点は、イスラム教で義務として課せられた5つの行為、信仰告白（シャハーダ）、礼拝（サラー）、喜捨（ザカート）、断食（サウム）、巡礼（ハッジ）という五行を表している。盾の周りは月桂樹の葉が囲んでいる。

国王の生い立ち

＊イギリス・アメリカへ留学

　国内での初等教育の完了にあわせて皇太子となり、その後イギリスに留学。ケンブリッジのリース・スクールを卒業したのち、ハンプシャーのアルデルショット士官学校で学ぶ。卒業後はアメリカ・カンザス州のフォート・リーベンワーフに留学し、ワシントンの軍事産業カレッジで国家保安行政学の学位を取得している。

　1968年、従姉妹にあたるサビーカ・ビント・イブラーヒーム・アール・ハリーファ嬢と結婚。3男1女をもうける。一夫多妻制であるため、その他に夫人もおり、子女は5男1女の6人。

＊スポーツを振興

　国王はゴルフ、テニス、馬術、鷹狩り、射撃、水泳など多趣味で、スポーツ振興を国威高揚にもつなげている。2009年には、サッカーバーレーン代表16名に対し、新居をプレゼントしたことでも話題となった。

バーレーン王室がマイケル・ジャクソンと裁判!?

　2008年、サルマーン皇太子の弟であるアブドゥッラー・ビン・ハマド・ハリーファ王子は、契約不履行によりマイケル・ジャクソン氏に対する裁判を起こしている。アブドゥッラー王子は、ジャクソン氏と共同で新レーベルを立ち上げ、経済援助や新曲のための作詞作曲を行ったものの、契約が守られなかったとした。後にこの裁判は、和解を理由に中止されたと報じられている。

アブドゥッラー 王子

王妃が女性の社会進出を奨励

　他の湾岸諸国と比較して女性の社会進出が進んでいる。その象徴でもあるのが、サビーカ王妃。自らアラブ女性連合最高評議会の議長を務める他、女性の選挙への投票を奨励するなど、女性の権利拡大に貢献している。王妃自身も、人身取引国際会議の主催や、現地日本人学校への訪問など、積極的に公務を行っている。

サビーカ王妃

長男への王位継承

世襲による立憲君主制であり、その地位は長男へと継承されていくことがバーレーン王国憲法に定められている。ただし、国王が在世中に長男以外の息子を後継者として任命したときは、その限りではないとも記されている。

現在の王位継承順位第1位はサビーカ王妃との間に生まれた長男であるサルマーン・ビン・ハマド・アール・ハリーファ皇太子。最高指令副官、第一副首相の地位にある（2019年現在）。

バーレーンでは、西部の砂漠地帯であるサヒールにサーキットを建設し、2004年からF1バーレーングランプリを開催している。モータースポーツ好きで知られる皇太子は、この誘致に貢献した。

サルマーン・ビン・ハマド・アール・ハリーファ皇太子

2019 F1 バーレーン GP

バーレーン王国　宮殿

■主な参考文献

『世界王室最新マップ』
時事通信社編　新潮社（2001年）

『知っているようで知らない「日本の皇室」がわかる本』
久能靖著　三笠書房（2018年）

『図説イギリスの王室』
石井美樹子著　河出書房新社（2007年）

『お世継ぎ　世界の王室・日本の皇室』
八幡和郎著　平凡社（2005年）

『「王室」で読み解く世界史』
宇山卓栄著　日本実業出版社（2018年）

『肖像画で読み解く世界の王室物語』
新人物往来社編　新人物往来社（2011年）

『皇室へのソボクなギモン』
辛酸なめ子著　竹田恒泰著　扶桑社（2012年）

『面白いほどよくわかる世界の王室』
鈴木晟著　日本文芸社（2004年）

『触れられなかった　世界の王室の真実』
倉田保雄著　海竜社（2006年）

『現代世界の陛下たち』
水島治郎編著　ミネルヴァ書房（2018年）

『世界の王室うんちく大全』
八幡和郎著　平凡社（2013年）

『天皇と皇室の謎99』
かみゆ歴史編集部　イースト・プレス（2018年）

『陛下、お味はいかがでしょう。「天皇の料理番」の絵日記』
工藤極著　徳間書店（2018年）

『日本人なら知っておきたい皇室のしくみ』
五味洋治著　宝島社（2017年）

他、各国王室・大使館ホームページなど関連サイト

清水書院編集部 編

編集協力 (執筆)	大木浩美
編集協力 (校正)	仲安みどり
編集協力 (リサーチャー)	山下暢之

写真提供　iStock、ピクスタ、朝日新聞社
　　　　　読売新聞社、共同通信イメージズ
　　　　　アフロ、毎日新聞社、宮内庁
　　　　　時事通信フォト

ブックデザイン　上迫田智明
DTP 制作　　　ペニーレイン

まるわかり 世界の王室
～あまり知られてない王室の世界～

2019 年 8 月 28 日　　　初版発行

しみずしょいんへんしゅうぶ
清水書院編集部 編

発行者　野村久一郎
発行所　株式会社 清水書院
　　　　〒 102-0072
　　　　東京都千代田区飯田橋 3-11-6
　　　　電話　03-(5213)-7151
印刷所　広研印刷 株式会社
製本所　広研印刷 株式会社
　　　　　　　　定価はカバーに表示
●落丁・乱丁本はお取り替えいたします。

本書の無断複写は著作権法上での例外を除き禁じられています。複写
される場合は、そのつど事前に、（社）出版者著作権管理機構電話
03-5244-5088 FAX 03-5244-5089、e-mail：info@jcopy.or.jp）の許諾
を得てください。

ISBN 978-4-389-50096-2　　　Printed in Japan